muschel

Marina Barth, Kabarettistin und Leiterin des Klüngelpütz-Theaters in Köln, ist ein Relikt aus Tagen, als es noch Freude machte, eine Frau zu sein: Sie raucht, trinkt gerne viel Bier und hängt tagelang sehr ungeduscht auf ihrem Sofa rum – solange, bis entweder ihre beste Freundin Britta, ihr bester Freund Anton oder aber Paulchen, ihr dominanter Husky, sie vor die Tür und hinaus in wild-skurrile Abenteuer zwingen. Dabei erlebt die sympathische Autorin nicht nur das buchstäblich erdrückende Wesen eines Reisebusfahrers oder steht halbnackt auf ungeheizten Hotelfluren herum, sondern durchleidet zum Entzücken des Lesers auch sonst jede Menge Unfreiwilliges, egal, ob es um Chakrenvermessung, Anti-Aging-Produkte, mysteriöse Nachbarn oder den absonderlichen Aufenthalt in einem Swinger-Club geht. Und dann sind da auch noch die Männer, die es nicht eben leicht haben mit dieser Frau. Fazit: Es ist nicht immer einfach, ein Relikt zu sein, aber es macht Spaß. Großen sogar.

Marina Barth

Wie man
Krokodile
erwürgt

———

muschel

Erste Auflage 2010

© Verlag *Die Muschel* 2010
Alle Rechte vorbehalten.
Umschlag: Mathias Lück
Satz: Samuraikatze
Herstellung: Steinmeier GmbH, Deiningen
Printed in Germany

ISBN 978-3-936819-35-9

Inhalt

Eben nur ein bisschen oder
Dies ist eine Geschichte nur für Mädchen.............7

UPS – Universaler Paketservice 15

Sex and the city 23

Freiheit für Napfkuchen 29

Das Netz ist weg 35

Der heilige Gral 41

Ich hör' nix...................................49

Ich Tarzan – du Jane!...........................55

Wie man ein Krokodil erwürgt.....................61

Tempo, Tempo...................................67

Wehret den Anfängen!...........................71

Eines Morgens outer space.......................77

Murphys Gesetz.................................85

Die lügen doch! 91

Zeit der Wölfe 97

So, wie es sein soll 101

Schneeflöckchen 109

Ein Kälbchen namens Otto 113

Ladies Toys...................................121

Cliffhanger 127

Eben nur ein bisschen oder
Dies ist eine Geschichte nur für Mädchen

Franco sieht ein bisschen aus wie Bruce Willis. So ein Kleiner, Drahtiger mit zusammengekniffenen Augen, unfassbarem Lächeln, und seine Stimme ist genauso wie Bruce' Stimme, also wie die deutsche Synchronstimme von Bruce. Und Franco ist ein Macho, ein Megamacho, wie alle kleinen Männer. Mit anderen Worten: Franco ist in die engere Wahl gekommen – er entspricht meinem Beuteschema. Aber das darf Franco nie erfahren, denn dann wäre die Jagd schon vorbei, ehe sie begonnen hat.

Männer wie Franco sind niemals Beute, sie sind Jäger – jedenfalls denken sie das ein Leben lang –, und wenn man Freude an ihnen haben will, muss man sie dringend in diesem Glauben belassen. Es ist wie mit Wellensittichen. Wenn man die bei Laune halten und ihnen die schönsten Kunststückchen beibringen will, dann müssen sie ihr Leben lang glauben, der Plastikvogel in ihrem Käfig sei echt und sie seien der ranghöhere Vogel.

Zuerst muss ich also rauskriegen, wie Francos Beuteschema aussieht. Na gut, bei kleinen blonden Männern ist das so schwierig nicht. Sie stehen immer auf kleine, langhaarige – möglichst dunkelhaarige, langhaarige – Weibchen mit Stöckel. Und zwar solche, die mit Stöckel immer noch kleiner sind als sie selbst. Es gibt extra Stöckel, die in Sachen Höhe gar keinen großen Unterschied machen, italienisches Fabrikat. Die kennen sich aus mit kleinen Männern, die Italiener. Dann habe ich für solche Fälle natürlich ein Miniröckchen im Kleiderschrank. So ausstaffiert gilt es nun, wie zufällig ab und zu Francos Wege zu kreuzen, ohne ihn auch nur eines Blickes zu würdigen.

Er muss aufmerksam werden, aber er muss das Gefühl haben, dass er als erster aufmerksam wurde und dass man es gar nicht bemerkt hat. Dass man *ihn* gar nicht bemerkt hat, und er darf keine Gelegenheit haben, einen anzuquatschen. Nur dann entwickelt er das Ich-muss-mich-total-anstrengen-damit-die-mich-wahrnimmt-Syndrom. Denn Jäger wollen sich anstrengen müssen, ehe sie das Wild erlegen, und das Wild darf sie dabei nicht bemerken. Nur die vorausgegangene Anstrengung verschafft ihnen wirkliche Befriedigung, das Gefühl, sie hätten besonders schwer erlegbares Wild erlegt. Nie kommen sie auf die Idee, dass sie besonders schwer erlegbares Wild halt auch gar nicht gekriegt hätten! Und genau wie mein Hund denkt sich Franco ab jetzt die possierlichsten Dinge aus, um meine Aufmerksamkeit zu erregen. Er bestellt dasselbe Getränk wie ich (gähn), er quatscht meine Freundin Britta an (großes Gähn, Britta ist einsachtzig groß), er kommt mit Sartre unter dem Arm in die Kneipe (boah, sollte ich ihn derart unterschätzt haben?), er erzählt ziemlich laut und gar nicht mal so unwitzig dem Wirt, wie er mit dem Moped die Route 66 gefahren ist, macht jedoch den Anfängerfehler, immer wieder über die Schulter zu mir rüberzugucken (manno!), er wartet an der Kneipentür, bis kein Stuhl mehr frei ist, außer an meinem Tisch, und fragt dann harmlos: »Ist hier noch frei?« (Würg.)

Ich nicke desinteressiert, ohne ihn anzugucken, und sage: »Kannst den Stuhl mitnehmen.« Woraufhin er völlig verdattert mit dem Stuhl in der Hand nicht weiß, wohin er ihn mitnehmen soll.

Ich hatte mit mehr von dir versprochen, Franco …

Ich beginne gerade, ernsthaft das Interesse zu verlieren, als Franco blutüberströmt in die Kneipe stürzt und schreit: »Ein Arzt! Oh Gott, ein Arzt!«

Ich eile völlig entsetzt zur Hilfe, mein Spielchen natürlich komplett vergessend, da kontert er: »Mein Herz verblutet, weil dieses grausame Weib überhaupt keine Notiz von mir nimmt!«

1:0. Das Theaterblut hat er sich bei einem Kumpel besorgt. Ja, okay – das kann ich gelten lassen.

Wir haben einen lustigen Abend, weil Franco das alte Spiel »Ich Typ, du Weib« perfekt beherrscht – wenn auch wahrscheinlich, ohne es zu wissen, aber das ist egal. Zügellose Atavismen sind die verlässlichste Grundlage für einige höchst vergnügliche Stunden, und ich gestatte den Steinzeitmenschen in uns, zur Höchstform aufzulaufen.

Ich habe keine Ahnung, was er mir erzählt, aber kichere in regelmäßigen Abständen, damit er sich keine Gedanken macht, und fahre mir mit den Händen durch die Haare und mit der Zunge über die Lippen. Dabei starre ich fast ununterbrochen auf seine wirklich muskulösen Oberarme, seine mahlenden Kiefer und auf seine hinreißenden Mundwinkel, wenn er lacht. Und er lacht natürlich selten, wie sich das gehört. Der Träger meines Hemdes fällt zufällig immer wieder über die Schulter, aber er reagiert recht langsam.

Endlich sagt er: »Ich wohne nicht weit von hier.«

Na, das wurde aber auch Zeit, mein kleiner Sittich. Yippi-ya-yeah, du alte Schweinebacke. Ob er in einem Fitness-Studio trainiert? Oder ist er Maurer von Beruf? Wahrscheinlich hat er es gerade erzählt. Interessiert mich aber nicht wirklich.

Er will tatsächlich erst Kaffee trinken in seiner Küche. Puh – also gut.

Ich frage: »Trinkst du den Kaffee pur?«, aus echtem Interesse, und: »Ich sollte besser gehen«, mehr aus taktischen Überlegungen, während mir wieder der Träger von der Schulter fällt. Noch mehr Lockbotschaft geht jetzt echt nicht mehr. Mein Hintern wird nicht feuerrot. Das sind Paviane, die dieses Pfund noch in den Ring werfen können.

Endlich kommt er, wenn auch fast in Zeitlupe, aus den Füßen.

Gefühlte Äonen später:

»Ist das gut so?«, fragt Franco, und ich antworte launig: »Ich denke schon.«

»Wie, du denkst schon? Ist es jetzt gut oder nicht gut?«

»Jaja, es ist gut – war ein kleiner Scherz.«

»Du musst sagen, wenn es dir nicht gefällt, ich kann mich auch umstellen.«

Er reagiert ja empfindlich auf kleine Scherze.

»Danke, nein, alles bestens«, verbessere ich mich umgehend, als ich Francos Miene sehe, und versuche, mich auf das Wesentliche zu konzentrieren.

Franco guckt besorgt.

»Ich finde nichts schlimmer, als rücksichtslose Typen – mir gefällt es nur, wenn es auch dir gefällt.«

Franco meint es ernst.

»Das geht mir genauso«, antworte ich, und das klang schon wieder ironisch. Verdammt, er hat's gemerkt.

»Glaubst du, dass es mir nicht gefällt?«, fragt Franco, »aber mir gefällt es. Super, echt, ich find's toll«.

»Toll? Ich fand's auch toll – letztes Jahr auf Korsika.«

Ist mir nur so rausgerutscht.

»Wie kommst du denn jetzt auf Korsika?«, fragt Franco.

»Pssst«, flüstere ich. »Weniger reden, mehr Action. Du hast es doch drauf!«

Das wirkt.

Franco gibt alles und fragt: »So? Meinst du so?«

»Ehhmmhmm«.

»So besser?«

»Yep.«

»Ich hab' auch gerne Action – »

»Bitte – Franco! Einfach nur die Klappe halten.«

Das hat er zum Glück nicht gehört.

»Die meisten Frauen mögen es gar nicht so ein bisschen handfester.«

»Na, das halte ich für ein Gerücht.«

»Nee, ehrlich. – Guck mal, ich kann mich auch nur mit einer Hand abstützen.«

»Super, Sportsfreund.«

»Hast du's auch schon mal so gemacht?«

»Das hat mir einen üblen Muskelfaserriss einge-
bracht«, protestiere ich.

»So finde ich auch super.«

»Ja, Franco, du bist unschlagbar.«

»Hast du mal dabei geraucht?«

»Oh ja – und das war *nicht* der aufregendste Abend
meines Lebens.«

»Nee, ich meine gekifft – das ist super – soll ich uns
einen bauen?«

»Och, Franco …«

»Wir müssen dafür nicht aufhören, das kann ich
nebenbei.«

»Ich hatte nichts anderes vermutet.«

»Oder Fußball im Radio – das finde ich auch super.
Ein total spannendes Fußballspiel und eine total span-
nende Frau, und du bist ständig hin- und hergerissen,
das ist so geil.«

»Ehhem.«

»Ich hasse nichts mehr, als schnell zum Ziel kommen.«

»Hab' ich schon gemerkt, Franco.«

»Soll ich uns ein Bad einlassen?«

»Franco!«

»Ich hab' auch Eis im Kühlschrank.«

»Sicher.«

»Und Sahne.«

»Nein!« Als nächstes kommt bestimmt die Honig-
nummer.

»Schade, dass es nicht regnet«.

»Hmhm.«

»Im Regen oben auf dem Südbahnhof, wenn die
Güterzüge durchrauschen …«

»Ja, super, echt.«

Morgen stelle ich eine Kerze für die schwarze Madonna auf, die mich wieder einmal vor Regen bewahrt hat.

Und während Franco tatsächlich irgendwann, ganz allmählich, einsilbiger wird, betrachte ich eingehend die Adern an seinem Hals, die mir vorher noch nie aufgefallen sind, und stelle fest, dass sein Haupthaar oben auf dem Kopf ein wenig lichter zu werden beginnt. Seine ruckartiger werdenden Bewegungen erinnern mich plötzlich sehr an den Plastikvogel mit Gewicht unten dran und … riecht der etwa nach *Irisch Moos?* Das kann doch nicht sein, oder? Er hat orangefarbene Kreise auf seiner braunen Schlafzimmertapete und einen uralten Blaupunkt-Radiowecker mit roten Leuchtbuchstaben, es ist gleich halb zwei.

Um halb zwei wiederholen sie Al Bundy, aber ich sehe keine Fernbedienung auf dem Nachttischchen. Al käme jetzt genau richtig, die Folge mit »No Mam« in der Tittenbar. Wo hat er denn den Fernseher? Ich versuche über seine rechte Schulter zu gucken – ich seh' keinen Fernseher. Hat der etwa keinen Fernseher?

»Sag schon!«, sagt Franco etwas gepresst. Scheiße, er hat mich was gefragt. »Super«, sage ich, das kann ja nicht verkehrt sein.

»Ich wusste es«, sagt Franco als Letztes, und dann darf er mir doch noch eine Tüte bauen, denn die brauche ich jetzt.

Beuteschema beinhaltet halt immer auch eine gewisse Fehlerquote, das geht Tieren auch nicht besser.

Wie war das noch mal mit dem schwarzen Schwan am Aarsee, der sich in ein Tretboot verguckte? Das ist auf jeden Fall schlimmer.

UPS – Universaler Paketservice

Es gibt Tage, die durch einen Riss aus dem Raum-Zeit-Kontinuum fallen. Tage, die überhaupt nicht in diese Welt gehören, sondern in eine ganz andere. Dennoch passieren sie, du bist machtlos. Verstecken hilft nicht. Sie ereignen sich.

Ich wache auf, weil der Mann in meinem Bett in der Nase bohrt. Mit großer Andacht und völlig lautlos. Allein die Veränderung seiner Atemfrequenz durch intensive Bohrtätigkeit reicht aus, um mich aus dem Schlaf zu reißen. Es ist stockdunkel.

Ich konzentriere mich auf meine Müdigkeit, doch sein angespanntes Atmen durch den Mund hält mich quälend wach.

Ich weiß genau, dies ist so ein Tag. Also Decke über den Kopf, aber nach kurzer Zeit kriege ich keine Luft mehr.

In diesem Universum gibt es keinen Kaffee. Vermutlich haben sie hier auch keine Zeitungsboten. Ich werde ohne Kaffee und ohne Morgenlektüre stumpf ins Morgengrauen starren, in Gesellschaft eines Menschen, der zumindest vorerst einiges an Attraktivität eingebüßt hat.

Ich überlege, ob Grappa eine Lösung ist. Er ändert nichts am Lauf der Dinge, aber sie verlieren ihren Stellenwert.

Der Grappageruch um sechs Uhr morgens schlägt mir ziemlich auf den Magen. Nach dem zweiten weiß ich den Namen des Höhlenforschers nicht mehr – es funktioniert.

Die Katze hat in die Küche gekotzt, und ich bin überrascht, dass sie nicht tot ist. Die Häuserzeile gegenüber steht – scheinbar.

Letztes Mal, als sich das Loch im Universum genau über mir öffnete, ist unsere zwölf Meter hohe Tanne quer über die Straße gestürzt. In der Zeitung stand, *Kyrill* sei es gewesen, doch die Katze und ich, wir wissen es besser. Wir waren in einer Welt, in der viele andere schlimme Dinge geschahen.

Ich suche an den Wänden nach unscharfen Rändern, ein klares Zeichen für Tage, die nicht hierher gehören, genau wie verfaultes Obst, das gestern noch taufrisch war und heute durch den Raum-Zeit-Sprung mit einem Mal verdorben ist.

Zwei braune Äpfel in der Obstschale und eine schwarze Banane – na, bitte.

Im Kühlschrank grünpelzige Frikadellen – !

Und die Zigarettenschachtel ist leer, obwohl ich genau weiß, dass ich gestern Abend neue gekauft habe! Verdammt, es ist beschlossen. Ich kann nichts dagegen tun.

Um 7.30 Uhr (!) klingelt mein achtzigjähriger Nachbar Sturm. Der schwache Fluchtreflex lässt mich hinter dem Sofa in Stellung gehen, dann öffne ich ergeben die Tür. Herr Deimann hat das zweite Gesicht, er weiß, wann ich da bin, und klingelt sowieso, bis ich aufmache.

Er weint, das Rote Kreuz habe ihn vergessen und ihm den ganzen Tag noch nichts zu essen gebracht. Er sei schon ganz wackelig auf den Beinen.

Ich versuche nicht, zu argumentieren, dass der Tag noch gar nicht angefangen hat und man dem Roten Kreuz wenigstens eine reelle Chance geben müsste. Das wäre Quatsch, denn Herr Deimann ist dauerhaft in der falschen Welt zurückgelassen worden, da kann man mit Logik nichts machen.

Ich gieße ihm Grappa ein und schmiere zwei Marmeladenbrote. Das ändert nichts an seiner fatalen Lage, aber er hört zu weinen auf und schimpft auf seine Familie, die ihn permanent beklaut, und auf den Zivi, der mit seinem Mantel abgehauen ist.

Den Hinweis, dass er den Mantel anhat, und der Zivi wohl eher an seinen Schuhen interessiert war, denn Herr Deimann ist barfuß gekommen, kann man sich sparen bei einem Mann, der aus einem anderen Universum kommt. Ebenso den Einwand, dass er gar keine Familie hat. Hier jedenfalls nicht.

Für einen kurzen Moment erwäge ich, ihn selbst zu beklauen und ihm seinen Mantel abzunehmen. Vielleicht könnte man damit die Diskrepanz zwischen den beiden Universen überwinden, und Herrn Deimanns innere und äußere Welt würden wieder eins. Aber erstens habe ich keine passenden Herrenschuhe, und zweitens habe ich Angst, dass sie mich an seiner Statt ins falsche Kontinuum stecken, und lasse es lieber.

Mit jedem Gläschen werden die Ränder an den Wänden unschärfer – vielleicht übt Grappa einen unheilvollen Einfluss auf die Zeitphasenverschiebung aus.

Ich schicke Herrn Deimann nach Hause, bevor unsere Treppe ihre Konturen ganz verliert und er am Ende böse stürzt.

Ein großer Bagger bezieht vor dem Haus Stellung, Schilder werden aufgestellt. Wir hätten einen massiven unterirrdischen Wasserrohrbruch, unser Keller sei vollgelaufen, berichtet aufgeregt die Frau unter mir. Ich beschließe, dem Keller für die nächsten Wochen fernzubleiben. Für wie blöd halten die uns?

Es ist klar, dass die Leitungen brechen, wenn ein ganzes Haus in ein anderes Universum verschlagen wird. Wer weiß, welche unheimlichen Kreaturen jetzt durch den Riss munter in unseren Keller paddeln.

Das Wasser bleibt abgestellt, und die Katze kotzt schon wieder, Katzen haben eine empfindliche innere Uhr. Sie spüren jede Veränderung der Zeitlinie.

Ich will am liebsten gar nichts tun. Ich gucke möglichst harmlos in den Garten. Die Vögel flattern herum und picken Winterfutter, als eine dicke Taube völlig ungebremst gegen die Fensterscheibe fliegt und mit einem Mordsknall und gebrochenem Genick auf dem Balkon liegen bleibt – Tauben rechnen nicht damit, dass in ihrer Flugbahn plötzlich Häuser aus einer Parallelwelt auftauchen –, und wir haben erst 8.15 Uhr.

Der UPS-Bote klingelt und bringt ein Paket. Ich bitte ihn zu bleiben, bis ich den Inhalt überprüft habe (wer weiß, was die mir an so einem Tag per UPS schicken) und versuche das Paket zu öffnen. Es geht schwer, und ich muss viel Kraft aufwenden. Als die Schere abrutscht und in meiner Hand stecken bleibt, fällt der UPS-Mann in Ohnmacht. Ich ziehe mit einem Ruck die Schere aus dem Knochen und stehe in einer Pfütze aus Blut.

Der Inhalt des Paketes ist ungefährlich, der UPS-Mann kommt zu sich, sieht das Blut und wird wieder ohnmächtig. Mit Eis auf der Hand rüttele ich ihn wach und versichere, er habe nur geträumt, alles würde gut. Das ist natürlich nicht wahr. Ich überlege, welche Gefahren das Aufwischen einer Blutlache birgt, als das Telefon klingelt.

Eine Freundin erzählt mir, dass ihre Eltern sich streiten, nach fünfzig Jahren Ehe(!), dass die Versicherung die Prämie um vierzehn Euro pro Jahr erhöht und dass ihr Sohn einen unfreundlichen Chef hat. Das ist ja entsetzlich.

Meine Hand klopft, und ich starre ängstlich auf ein blinkendes Lämpchen am Telefon. Dieses Lämpchen blinkt höchsten Alarm! Vielleicht bedeutet es, dass die Selbstzerstörungssequenz initiiert wurde und das Telefon in die Luft fliegt, während ich es am Ohr habe!

Ich halte es so weit weg wie möglich, aber meine Freundin will dauernd eine Antwort haben. Ich antworte so einsilbig, wie ich kann, das Lämpchen blinkt wie verrückt.

Deine Ruhe möchte ich haben, sagt meine Freundin beleidigt und verabschiedet sich. Ich lasse das Telefon in letzter Sekunde fallen, und es zerschellt am Boden.

Für die Blutlache habe ich immer noch keine Lösung, und die Katze zeigt kein Interesse. Sie hat heute einen nervösen Magen.

Meine Tante Ruth ist einmal so unglücklich in einer Lache ausgerutscht, dass sie einen Tag und eine Nacht eingekeilt zwischen Badewanne und Toilette mit völlig verdrehtem Oberkörper verbringen musste, ihre Nase direkt über der Toilettenschüssel, unfähig sich zu befreien. Seit diesem Vorfall hat sie ein irres Lachen, das einem eine Gänsehaut über den Rücken jagt.

Ich überlege, ob Blut beim Antrocknen giftige Gase entwickelt, und mache zur Vorsicht das Fenster ein bisschen auf, aber da liegt ja die Taube, und ich schließe es wieder.

Anrufen kann jedenfalls keiner mehr. Es ist 9.30 Uhr, und der Mensch mit der sorgsam gereinigten Nasenhöhle tritt ausgeschlafen in mein Gesichtsfeld.

Er rutscht auf der Katzenkotze aus und fällt mit dem Gesicht in die Lache.

Da wir kein Wasser haben, kann er nur sehr notdürftig wieder hergestellt werden und zieht, als er das Haus verlässt, die Kapuze ins Gesicht. Er ahnt nicht im Mindesten, dass seine Wiederkehr mehr als ungewiss ist – vielleicht ist er die Antipode zu Herrn Deimann, der in seinem Universum ja eine Lücke hinterlassen hat, die somit nun wieder ausgeglichen würde.

Am nächsten Tag ist alles wieder so, wie es sein muss. Die Kreaturen aus dem Keller sind verschwunden, die Katze ist wohlauf, Herr Deimann noch da.

Der Typ mit dem Bohrdrang ist verschwunden. Manchmal gucke ich in den Nachthimmel und stelle mir vor, was wohl in *seinen* UPS-Paketen ist und ob er jetzt auch eine Nachbarin hat, die Marmeladenbrote schmieren kann.

Emanzipation ist out. Lila Latzhosen gibt es nur noch im Haus der Geschichte. Und Alice Schwarzer ist tot. Na, auf jeden Fall alt. Verona hält zu Franjo und schenkt ihm ein neues Cabrio. Und die *No Angels* sind ganz schön fett geworden, kein Wunder, dass die auf dem letzten Platz gelandet sind. Fett und doof ist wie emanzipiert – da biste raus aus dem Rennen. Ein Rennen, das heute nicht mehr *Grand prix d'eurovision de la Chanson* heißt, sondern aerodynamisch *Jurowischen Songcontest*. Fett und doof geht da gar nicht.

Frauen sind heutzutage schön, gerade wenn sie über vierzig sind. Sie haben den Master in Philosophie und Kunstgeschichte und einen Job, bei dem sie die Kohle in der Schubkarre nach Hause fahren. Das ist normal. Genauso normal wie topfit, rasiert, gestöckelt und bei *Ärzte ohne Grenzen* engagiert. Na gut, sie sind schon noch Frauen, nehmen wir also *Krankenschwestern ohne Grenzen*. Und sie telefonieren beim Haaretönen mit ihrer Mutter wie Iris Berben.

Und Frauen haben heute guten Sex. Sie haben ausgezeichneten Sex. Alle und dauernd. Logisch. Sonst wären sie ja blöd.

Sie schreiben Bücher ohne Tabus über Feuchtgebiete und ziehen nebenbei zwei hochbegabte Kinder groß. Und kultivieren ein Faible für alte Rosensorten und jungen Wein. Deutschen jungen Wein, versteht sich.

Ich bin nicht normal. Ich würde Franjo an die Wand schmeißen, damit ich den Frosch wieder im Teich aussetzen könnte, finde die runden Bäuche der doofen *Angels* erotisch und liebe es, ungeduscht im Bademantel ganze Tage am Schreibtisch zuzubringen. Zugegeben, das ist nicht sozialkompatibel. Ich bin tagsüber meistens etwas müde, seit Jahren zum Joggen zu faul, ich rauche und ich trinke Bier. Am liebsten viel Bier. Und ich halte es mit dem Sex wie mit dem Essen. Am liebsten Bockwurst. Mit viel Senf.

»Du bist ein Relikt«, sagt Britta, und es klingt nicht gut. Es klingt nach Arbeit und Veränderung.

»Du bist zu unbeweglich«, sagt Britta.

Ich finde den Boden dieser Welt schwankend genug.

»Du bist nicht gut aufgestellt«, sagt Britta.

Ich sitze eh lieber. Stehen kann ich noch genug in der Urne auf dem Kaminsims.

»Sei nicht albern«, sagt Britta.

Sie bringt mir ein neues Handy mit, mit dem ich fotografieren und mailen kann, das mich durch die Welt navigiert und meinen Terminkalender enthält, damit ich pünktlicher werde und effizienter und keine Podiumsdiskussion mehr verpasse. Es hat »You Sexy Thing« von Hot Chocolate als Klingelton. Ich bin sicher, ich kriege eines Tages raus, wie man damit telefonieren kann. Bis dahin bin ich köstlich abgeschnitten von der Nabelschnur der Welt, aber das sage ich Britta nicht.

Ich habe meinen alten Terminplaner heimlich wieder aus dem Müll geholt, weil ich in das neue Ding keine Männchen malen kann oder Hitlisten der doofsten

Gründe, einen Termin abzusagen ...! Mein Favorit ist übrigens zur Zeit: »Ich habe den Terminkalender in meinem neuen Handy nicht aufgekriegt.«

Britta ist damit beschäftigt, mir ein Fitnessprogramm auf den Leib zu schneidern, und überlegt, ob ich erst laufen und dann radfahren soll – oder ob für mich nicht Schwimmen viel besser geeignet sei, wegen der Metapher vom kalten Wasser und so.

Da man beim Schwimmen definitiv nicht rauchen kann, plädiere ich für Radfahren. Ich hätte gehört, dass sei so nachhaltig in Sachen Kondition, sage ich Britta. Und ein Fahrrad hätte ich noch, ein Hollandrad mit drei Gängen.

Mein Rad kommt nicht in Frage – natürlich, Britta leiht mir ihr Hightech-Alu-Rad, das einen so langen, schmalen Sattel hat, dass man auf dumme Gedanken kommen könnte, aber das findet Britta unqualifiziert und schleppt mich zum Frisör. Da lese ich, dass einen Botox blind macht auf die Dauer (ich wusste, dass es dabei einen üblen Trick gibt), und erzähle einem kleinen Mädchen, dass seine Barbie überhaupt nichts sehen kann, auch Ken nicht, was ja einiges erkläre, und dass sie für ihre Barbie dringend einen Blindenhund brauche.

Während ich eine Armbinde mit drei Punkten für die blinde Barbie bastele und ihr mit Edding eine schwarze Sonnenbrille aufs Gesicht kapriziere, heult das Mädchen, und bevor ich mit ihrer Mutter ein ernstes Wort reden kann, zerrt mich Britta in einen angesagten Schuhladen. Da muss ich als erstes die Toilette aufsuchen. Blöde Angewohnheit von diesen hippen

Friseuren, einen mit Kaffee voll zu füllen, wenn man nur Haare schneiden wollte, und dann keine Toilette zu haben.

Wieder zurück, unterhalte ich mich sehr angeregt mit dem schwulen Verkäufer über Airwick-Luftverbesserer auf Gäste-Toiletten und bin ganz seiner Meinung, dass einfach nichts über Magnolie-Kirschblüte geht. Wer das einmal gerochen hat, will nie mehr etwas anderes. Ganz anders als Zimt-Apfel, das wird man schnell leid, besonders um die Weihnachtszeit, aber Magnolie-Kirschblüte ist einfach nicht so aufdringlich, obwohl man das gar nicht vermuten würde. Jedenfalls nicht, wenn man es nicht ins Badewasser kippt wie Doug Haffanan. Der Verkäufer und ich tauschen unsere Telefonnummern aus, weil wir zusammen *King of Queens* gucken wollen – als Britta plötzlich wütend wird.

Ich klebe ihm noch ein Memo in seinen Terminkalender, wegen der neuen Sendezeit (wo soll man so etwas eigentlich auf mein tolles Handy kleben?), und Britta ist schon draußen.

Im Sexshop will ich die Dildos vor Ort ausprobieren, aber die Verkäuferin rückt keine Batterien raus. Ich argumentiere, dass heute niemand mehr einen Typen heiratet, ohne zu wissen, was der kann, und für den müsste man gar nicht bezahlen. Wenn ich aber bezahlen soll, muss ich doch vorher wissen, wofür.

Ich gehe nebenan Batterien kaufen, aber als ich damit zurückkomme, soll ich trotzdem nicht probieren. Höchstens am Handrücken oder an der Schläfe, schlägt sie kompromissbereit vor. Wie ist die denn drauf? Wenn sie wissen will, ob der Wein gut ist, schüttet sie den dann in ihr Badewasser?

Dann will ich wissen, ob die goldene Farbe abgeht, das sieht nach kurzer Zeit ziemlich beschissen aus. Ich kann überhaupt nicht verstehen, wieso die Dinger verkaufen, die nicht farbecht sind. Das macht man doch bei Gummitieren für Kleinkinder auch nicht. Das machen die extra – da steckt irgendwas dahinter. Ich frage die Verkäuferin, was sie von Magnolie-Kirschblüte hält, um Zeit zu gewinnen. Was steckt dahinter? Vielleicht sind das gar keine Dildos, sondern neue Überwachungsgeräte mit Kamera und Abhörwanze und Iriserkennung. Und fernzündbarem Selbstzerstörungsmechanismus. Klar, dass die bei so teurer Technik an der Farbe sparen müssen. *Dr. Müller* ist in Wirklichkeit der verdeckte Ermittler. Der Contract Killer. Der Schnüffler im Auftrag von *Schlecker, Lidl* und *Telekom*. So was fliegt ja immer nur auf, wenn die einen total blöden Fehler machen. Das weiß man doch! An der Farbe sparen zum Beispiel – selten dämlich! Sie stolpern immer über etwas total Hirnrissiges.

Ich schalte das Ding an und filme die Verkäuferin. Anschließend spreche ich rein:

»Ich hab's rausgekriegt, ihr Luschen! Wenn Ihr mich aufs Kreuz legen wollt, müsst ihr früher aufstehen, Ihr Penner. Zünde das Ding doch, wenn du Mut hast – na los! Feigling!«

Die Verkäuferin guckt jetzt Britta sehr ernst an, und die zieht mich aus dem Laden. Wir kaufen jetzt Bier, denn Britta braucht eins, und zünden eine Zigarette an und überlegen dann, was wir jetzt als nächstes machen. *Sex in the City?* Wir sind uns selten einig – Britta und ich. Als die süße Carry nach Mister Big sucht und Samantha mit unnachahmlicher Professionalität dem dreizehnten Orgasmus an diesem Morgen hinterherhechelt, als Miranda nur zaghaft lächelt, damit ihre großen Zähne nicht so auffallen, und Charlotte freimütig erzählt, dass sie lieber stirbt, als bei einem Mann groß aufs Klo zu gehen – dann weiß ich wieder, es gibt ihn doch, den echten Mädchenspaß. Wenn auch nur im Kino, oder im TV.

Freiheit für Napfkuchen

Als ich gerade darüber nachdenke, ob ein ständiger, feiner Strahl heißen Öls, auf die Stirn seines Opfers gegossen, nicht eine beliebte Foltermethode im Mittelalter war, verschärft die aufreizend freundliche Stimme meines Vollstreckers das Gefühl der Peinigung um ein Vielfaches.

»Einen wunderschönen guten Morgen, ich bin Ihr Wellness-Agent Mike. Ist der Druck so angenehm?«

Ich liege nackt auf dem Rücken, Hände und Füße in dafür vorgesehene Arretierungen verbracht. Mein Kopf wird von zwei klammen, unverrückbaren Krallen in der richtigen Position gehalten, während ein Fußpedal die Neigung der tönernen Ölkanne steuert, die jenen unaufhörlichen Strahl auf meine Stirn fallen lässt. Was soll man in dieser Lage antworten?

Ich ziehe es vor, zu schweigen, was sonst weniger meine Art ist, und stumm mit der Kraft des ungebrochenen Willens wenigstens innerlich Widerstand zu leisten. Mike lässt sich nicht davon beeindrucken.

»Die Temperatur gut so? Viele Kundinnen mögen es noch etwas heißer. Gerade morgens …«

Das weitere Geblubber meines Wellness-Agenten verschwindet hinter einem Schleier narkotisierenden Öls. Ich zwinge mich, einen Blick auf meine Freundin Britta zu werfen, was nicht einfach ist, da ich, wie bereits beschrieben, unfähig bin, den Kopf auch nur einen Millimeter zur Seite zu neigen. Es war ihre Idee, sich auch mal etwas zu gönnen.

Als nächstes wird man uns mit glühenden Steinen den gesamten Körper beschweren, uns damit zu Verbrennungen dritten Grades verhelfen, und wir werden unfähig sein, uns zur Wehr zu setzen, weil wir die Folterknechte für eine professionelle Durchführung ihres Handwerks gut bezahlt haben. Eisern lächelt Mike mich an.

»Das tut gut, nicht wahr? – Schließen Sie ruhig die Augen und lassen Sie sich ganz entspannt fallen«.

Das könnte dir so passen, dein Opfer bis zur totalen Willenlosigkeit einzulullen, damit du ungehindert etwaiger Schmerzensschreie die Temperatur deiner Massagesteine schamlos erhöhen kannst, bis die Haut Blasen wirft und du nichts als Krater der ewigen Zerstörung hinterlässt …!

Britta neben mir stöhnt. Das hat sie nun davon. Tolle Idee – und das ist ja erst der Anfang. Sollten wir hier lebend wieder herauskommen, was ich für sehr unwahrscheinlich halte, so werden wir es in jedem Fall als für den Rest unserer Tage Gezeichnete tun.

Jetzt gluckst sie. Gießt man ihr das Öl bereits in den Mund?

Ich muss mir Gewissheit verschaffen. Unter Aufbietung aller Reserven gelingt es mir für einen Wimperschlag, Blickkontakt zu Britta herzustellen. Sie gluckst erneut, vor Vergnügen. Und ohne Öl im Mund.

Man hat ihr Drogen injiziert, das kennt man ja aus einschlägigen Lichtspielfilmen! Hemmungslos gluckst sie, das tut sie doch sonst nicht. Denn abgesehen von dieser Schnapsidee ist Britta eine kluge Frau. Die gluckst nicht, wenn man sie verbrennt und heißes Öl auf ihre Stirn gießt.

Ich muss warten, bis die Wirkung des verabreichten Derivates nachlässt. Zur Zeit ist sie nicht ansprechbar.

Mike läuft sich schon wieder warm.

»Sie sind eher der Typ stiller Genießer, was?«

Was meint er? Weil ich nicht glucke?

Oh-ohhh! Wahrscheinlich werde auch ich umgehend narkotisch aufmontiert, wenn ich nicht von selber glucke! Schon glucke ich, was das Zeug hält, und Mike lächelt teuflisch. Knapp entkommen, Glück gehabt!

Das Ölkännchen ist tatsächlich irgendwann bis auf den Grund entleert, die Steine abgekühlt — man bläst zum zweiten Akt. Meine arretierten Hände und Füße werden kurz gelöst, aber bevor ich handeln kann, bin ich um neunzig Grad gedreht und neu verzurrt. Durch die Tür marschiert ein schwarzgelockter Freistilringer, ein rotblau-kariertes Tuch um die Hüften geschlungen und einen riesigen Waschzuber unter dem Arm. Was er mit dem Seifenschaum und einem extra dafür vorgesehenen harten Ziegenhaarhandschuh, ohne um Erlaubnis zu fragen, tut, ist mir vor lauter Empörung nicht möglich, näher zu beschreiben. Es treibt mir jedenfalls die Schamesröte nicht nur ins Gesicht. Solche Maßnahmen mögen in der anatolischen Wüstenei fernab von Wasser und Zivilisation ihre Berechtigung haben, aber in unseren Breiten sind die Menschen im Regelfall nicht so verdreckt, dass man sie einer derartigen Reinigung unterziehen muss.

Zur Beruhigung der Nerven gibt es im Anschluss Pfefferminztee und wieder Öl, diesmal auf die wundgeschrubbte Haut. Brittas Blick wird unter dem Einfluss der Pfefferminze wieder klarer, aber wir sind keinen Augenblick allein. Außer vielsagenden Blicken ist kein Austausch möglich. Mein persönliches Highlight ist die Beschichtung meiner Rückansicht mit geschmolzener Schokolade. Zum ersten Mal in meinem Leben sehe ich mich in die Lage versetzt, auf den emotionalen Spuren eines Napfkuchens zu wandeln. Unter zwei Zentimetern klebriger, erstarrender Kakaomasse gelange ich zu überaus verblüffenden Erkenntnissen, was die unerbittliche Panzerung warmer, unschuldiger Backwaren durch erbarmungslose Kakaoerzeugnisse angeht und mit welchem Leid der Erkaltungsprozess einhergeht.

Die Ereignisse nehmen ihren Lauf. Mal stehen meine Füße im obszönen Mittelpunkt der Obskuren, mal werden uns die Augenbrauen ausgerissen und neue aufgemalt. Mike, das personifizierte Gute-Laune-Grauen, lässt uns den ganzen Tag nicht aus den Augen. Die Sonne steht bereits tief, als Mike the Knife die Reste des Rassoulschlamms auf meinem geschundenen Leib zusammenfegt. Aber wir haben überlebt. Es stimmt, was in den Fachbüchern steht. Das menschliche Gemüt verfügt über die erstaunliche Fähigkeit, einen Gewöhnungseffekt einzusetzen, wenn ihm die Realität zuviel abverlangt. Irgendwann erscheint mir die Vermessung meiner Chakren durch klingende Messingschalen auf meinem Brustkorb als völlig normal.

Der Aufenthalt in diesem Etablissement war mit den gleichen Kosten verbunden wie mein letzter Kurzurlaub auf Bali. Britta und ich haben niemals über diesen Tag gesprochen, denn dann hätte er sie auch noch ihren Kopf gekostet. Anton sagte abends in der Kneipe, ich sähe so außergewöhnlich verjüngt und entspannt aus. Ja, mein lieber Anton, so sieht man aus, wenn man dem sicheren Wahnsinn entkommen ist.

Das Netz ist weg

»Weißt du, was ich mich frage?« Genauer gesagt, klang es mehr nach: »Weissuwassimifrag, hips?«

»Nee. Aber gleich.«

»Wasch gleich?«

»Gleich weiß ich, was du dich fragst.«

»Hä?«

Ich liebe Thekengespräche nach drei Uhr morgens. Wer da noch sitzt, hat gute Gründe. Kurt, der Wirt, wirft einen langen Blick herüber und wendet sich dann wieder seiner Kaffeemaschine zu. Kaffee gibt's jetzt keinen mehr, sagt Kurt und schrubbt die Kaffeemaschineneinsätze.

»Ich frage mich, wo's eigentlich genau ist.«

»Was?«

»Das Internet.«

»Hä?«

»Ja, irndwo musses doch sein. Diese Millionen Seiten und Seiten und Bilder und Chatrooms. – Wo issen das?«

»Ähh …«

»Gibs da irgendwo so einen riesigen Apparat, eine Art Monstercomputer mit unssäligen Speicherkarten, wo alle unsere Kabel hinführen? Vielleich aufen Cook-Inseln – verstessu, ganz ab vom Schuss. Da stehts. Verstehssu. Diese ganzen Netzkabel von den ganzen Computern – führen die alle an einen einssigen Ort? Und wo isser? Und wenn der mal kaputtgeht oder

Terrorissen eine Bombe aufie Cook-Inseln schmeißen, issan alles weg? Kamman dann ganz neu anfangen? Weil alls alte gelöscht ist?

»Pfff...«

Während mein Thekennachbar akribisch aufzählt, was dann alles weg sein wird, wenn das Internet weg ist, versucht er normal und nüchtern dabei zu gucken. Es ist ihm ernst. Er macht ein betont harmloses Gesicht und balanciert unermüdlich die erheblichen Schwankungen seines Barhockers aus.

»Weissu, so schlecht wärs au wieder nich, wemman ganss neu anfang könnte. Stelldirma vor, machs die Kissse an – dunkl. Nix drin. Was würe passiern? Verstehssu, auf der ganzn Welt dunkl. Keine Bösnkurse, keine Kontostänne, kein Wetter, verstehssu? Kein Wetter! Einfach sone Weile dunkl.

Kurt hat aufgehört zu schrubben. Er sieht nachdenklich aus. »Auch beim Finanzamt?«, fragt Kurt. »Alles dunkel?«

»JJajaja, Finnasam auch. Alles ehm.«

»Und Flensburg? Was ist mit Flensburg?«

Ich sehe Kurt überrascht an.

»Flenssburg? Meinssu Beate Uhse?«

»Ich meine Punkte«, sagt Kurt.

»Jaja, Punke auch – alles dunkl.«

Kurt beginnt, sehr nachdenklich weiterzupolieren.

»Und das Gute is«, sagt der schwindelfreie Mittrinker, »es is wirklich weg, bumm in die Luft geflogn – also auch nachn paar Tagn kommts nich wieder, sondern man kann alles neu machen. Ma mußalls neu machen.«

»Wer bestimmt dann?«, fragt Kurt.

»Jadassie Frage! Wer …? – Isch enke, der Schinese, weil, der Schinese is bestes organisirt. Die ham eh ein extra Netz, schon lange, und das schalten die dann für alle an.«

»Wie – ein extra Netz?« Kurt ist verwirrt.

»Ja, im chinesischen Netz hassu keine Punkte in Flensburg, da scheißn die drauf. Wo zur Hölle is Flensburg für son Schinesn. Dafür ham im Schinesnnetz alle so blaue Kittl an. Verstessu? Issau egal, vielleicht doch nich der Schinese. Weil, da fehlt ja Tibett, verstessu – die ham kein Tibett im Schinesnnetz, daswürdder Dalalama merken, das fiele auf.«

»Vielleicht die CIA?«

Kurt ist stolz auf seinen Einfall. Die CIA hat bestimmt einen Plan B. Für alle Fälle.

»Ich meine, in Deutschland ist der Regierungsbunker ja gesprengt worden. Wir haben kein Notcomputersystem – aber die CIA bestimmt.«

Kurt redet sich richtig in Rage.

»Die Cie äi ey?«

»CIA.«

»Saggich doch. Gaubich nich. Die ham im weißn Haus Windows 98 aufn Computer. Habich gelesn. Der Obama hats gesagt. Uralte Dinger. Windows 98 in 2009! Der amekanische Präsident. Issen Hammer, oder? Eine Woche hatter gekämpft, der Obama, damitter sein Blutuus behalten kann. Willkommim 21 Jahrhundert! – Nee, die CIA nich.«

»Bluetooth? Wieso denn Bluetooth?«

»Nee – chmein dassandere. Heisstn das nochma? Blackberry! Obwohl, telefoniern klappt aunich im

Weissn Haus. Mussmasichma vorstelln! Rotes Telefon! Funktioniert nich. Die sagn nach ihrn tolln Wahlkampf wär der Einssug ins Weiße Haus gewesen, wie wenn man – na – von einer Xbox ssu einer alten Atari-Spielekonsole wekselt hat unfassba. Un auf ner Atari-Spielekonsole wolln die gegn Terror gewinn. Dassn anres Thema. Ich meine — ihre Wolkenkratzer sinja auch eingefalnwinix, bloß weil da im fünsesigten Stock n Flugsseug reinfährt, unfassba.«

»Wo könnte es denn sein?«

Kurt hakt nach.

»In einer Garage in Kalifornien, Mountain View«, sage ich.

»Wisodnda?«

»Und bald in einem oberösterreichischen Kuhdorf – Krottorf, dreitausend Einwohner.«

»Was? Kommtn as Netz auserechnet na Österreich? Bissu sicher? Dessalb hattie Heider-Partei jetzt auchso haushochgewonn. Hab mich schon gewundert, der issoch tot, der Haider, gewinnter quasie posmortem – aber wenn dadas Internet hinkommt, isses ja kein Wunder. Die ham dann alle schon vorher Briefwahl gemacht und hamas gespeichert, die Össerreicher. – Unnichnur die amerikanischen Wolkenkratzer falln ein wie nix. Hiern Köln falln auch die Häuser einwienix – ohne Flugsseuge. Wir hier in Köln machen das mitteiner U-Bahn. So gehtas. Wir brauchn keine Flugsseuge, Tunnel gebohrt, undssack! Die könnalles beie KVB. Alles! Preise erhöhn! Damittsse immer mehr Tunnel bohrnkönn, und ssack! Archiv weg, Finanzam weg, Schule weg. Der Meißner muss aufpassn, am Breslauer Platz bohrn die auch schon. – Ich will dir mawas sagn … die KVB iseine terrorissische Vereinigung! Ernshaff jetz. Die tragen schwarzze Uniformm. Mussudir ma vorstelln. Schwarsse Unifomm wie die SS. Wir hatten seit der SS keineschwasseuniformmehr in diesn Land. Die müste der Verfassungsschutz ma beobachtnm, da würden die Sachn sehn! Mein lieber Mann! Dassisein stadteigener Betrieb – dassacht doch genuch in Köln, oder? Weissuwas noch ein stadteigener Betriebiss? Die Sparkasse! Die Messe! Die Müllverbrennungs-anlage! Rheinenergie! Flughafengesellschaft. Das klingt wie das Who-is-who der Kölschen Mafia. Lauter Gangsta in schwarzn Uniformm, und alle tunso, als wärdas normal.«

Langsam wird mir das Gespräch zu intellektuell. Und was hat das alles mit dem Netz zu tun, worüber wir hier reden, frage ich, um zum Thema zurückzu-kommen.

»Man müsse einen kennen bei der KVB, damitie anner richtijen Stelle einen Tunnel baun. Einen U-Bahn-Tunnl aufen Cook-Inseln.«

»Wieso Cook-Inseln? Ich denke, das Netz kommt nach Österreich«, fragt Kurt. »Und wieso eigentlich Österreich?«

»Weil Google dieses Jahr nach Krottorf zieht, in Österreich, habe ich gelesen«, sage ich.

»Issja klardassie nach Östserreich gehen mim Internet, dahassu noch nie was von einstürssenden Neubauten gehört, die hamm keine U-Bahn da, Wolknkratzr aunich – du, ichglaub, diehamm nochnichma ne Finansskrise dan Össerreich. Oder? Jedenfalls nonie gehört. Päderasten hamdieda – aber Finanzkrise? Nein. Da falln auch keine Häuserpreise, von Häusern ganssu schweign, die hammgarkeine Häuser da, die hamm Hüttn. Un da trinkns eine Melange und guckn ihr Netz an. Wenns da bald is. Dassisoch schön. Unwir schmeißen keine Bombe drauf, wir schicken denen die KVB. Wir reden den ein, dassie eine Bahn brauchen durch die Berge, unterirrdisch. Undann schlagn wir zwei Klappen mit einer Fliege, wir sindie schwarzn Sheriffs los, passn au viel besser nach Össerreich, und wenn die bohren unter Krottorf – ssack – dunkl!«

Ich brauche zwei verzinkte Winkeleisen, nicht zu groß, mit je vier Bohrlöchern, und einen Satz M5er-Schrauben, 25 mm mit Muttern, Unterlegscheiben, und ein neues Netzteil für meinen Akku-Schrauber. Außerdem zehn Meter flexibles weißes Kabel, zweiadrig, 0,75 PVC, kleine Nagelschellen, am liebsten Plexi, dann sieht man sie kaum, vier große Lüsterklemmen und eine Gehrungssäge für die Fußleisten.

Ich renoviere die Küche. Das ist eine schöne Arbeit. In Latzhose und löcherigem T-Shirt marschiere ich vergnügt in den nächsten Baumarkt. Ein Baumarkt, dessen Sortierung mir völlig unbekannt ist. An der Eingangstür erwartet mich ein gigantisches Nagetier aus Karton, das mir verkündet: Es ist Pflanzzeit! Inwiefern Pflanzzeit für Backenhörnchen Relevanz haben kann und wem genau es sein Wissen weitergibt, bleibt im Nebel. An andere Backenhörnchen? Ohne seinen treffenden Hinweis hätte ich mir vermutlich den ganzen Tag den Kopf zerbrochen, wofür diese Bataillone von Stiefmütterchen, Vergissmeinnicht und Männertreu im Kassenbereich aufgestellt wurden. Ob vielleicht Muttertag war oder Valentinstag wird oder ob es sich die Kassiererinnen nur ein bisschen nett gemacht haben. Aber so ist es von erquickender Klarheit: Es ist Pflanzzeit, und jeder weiß Bescheid. Armeen von Backenhörnchen werden erwartet, die kommen, ihre Balkone zu begrünen, vermutlich zu

Tarnungszwecken wegen der Frühlingsmanöver. Oder so. Und ich brauche keine Schuldgefühle zu haben, weil ich etwa den Muttertag vergessen hätte, oder eines zu verursachen, weil man am Valentinstag mich vergessen wird. Es ist nur Pflanzzeit. So einfach ist das.

Direkt neben den der Jahreszeit geschuldeten, pflanzbereiten Zöglingen gärtnerischer Weitsicht gibt es große Holzkisten mit erntefrischen Äpfeln (im April!), immer zu zehn Kilo abgepackt. Heimwerker haben offenbar ein ausgeprägtes Bedürfnis, Äpfel zu verspeisen, und Heimwerker kaufen Äpfel natürlich in großen Holzkisten. In großen, roh gezimmerten Holzkisten, die sie mit ihren mächtigen Pranken in ihre raue Heimwerkerwelt davontragen. Um dann daheim, zwischen Bauschutt und Betonmischmaschine kraftvoll zuzubeißen. Und Heimwerkeräpfel reifen im April.

Unmittelbar an die Äpfel schließt sich eine umfangreiche Putzmittelabteilung an, in der dem interessierten Heimschrauber via Monitor der Einsatz und die Vorzüge eines elektrischen Dampfreinigers und seine verblüffenden Reinigungsergebnisse eindrucksvoll geschildert werden. Ahh, sogar *Hara* haben sie im Angebot!

Hinter einem Stand »My first bicycle« (hübsche kleine Holzfahrräder ohne Pedalen) hält sich dann doch die Elektroabteilung versteckt. Als alter Baumarkthase habe sie natürlich trotzdem entdeckt. Was ich nicht entdecken kann, auch nach intensiver Fahndung nicht, ist jedoch zweiadriges weißes Kabel.

Ich unterziehe jeden Quadratzentimeter der Elektroabteilung einer eingehenden Musterung – kein Kabel! Definitiv. Es gibt eine Miniaturdiskokugel und

Fantastik Lightshow for your Partykeller, da ist natürlich Kabel dabei, aber nur Kabel sehe ich nicht. Außerdem ist es schwarz, das Kabel der Lightshow.

Seufzend begebe ich mich auf die Suche nach einem Service-Point. Baumärkte, in denen sich Dampfreiniger zwischen Cox Orange und *My first Bicycle* ducken müssen, haben bestimmt einen ganz exaltierten Ort für weiße Kabel gewählt. Einen Ort, auf den man als geistig eher übersichtlich begüterter Mensch vermutlich nie im Leben kommen wird. Vielleicht bei Gartenschläuchen? Aber wo finde ich die? In der Gartenabteilung sind sie nicht. Oder bei den Eispickeln, Hackebeilchen, Rattengift und anderem Mordwerkzeug? Als Drosselkabel …

Es empfiehlt sich zweifellos, einen Ortskundigen zu befragen. Eines dieser allwissenden Backenhörnchen im orangefarbenen Kittel. In diesem Augenblick wird mir bewusst, welcher existenziellen Bedrohung ich bereit bin, ins fürchterliche Antlitz zu blicken. Ich will fragen, wo die weißen Kabel sind, die flexiblen, 0,75 zweiadrig. F r a g e n. Als Frau. Im Baumarkt! Als Frau! Nicht als Backenhörnchen. Ich bin wissentlich und ungebeten in den letzten heiligen Hort männlicher Druiden eingedrungen und muss jetzt bekennen, dass ich allein nicht zurecht komme? Dass ich die goldene Sichel gar nicht schwingen kann? Oh – ich sehe ihn schon vor mir, diesen dementen Gnom in Kittelschürze und mit blauroter Schnapsnase, und höre schon, wie er mit hämischen Grinsen seinen vergifteten Wortschleim von seinen apfelgestählten Lippen tropfen lässt:

»Weißes Kabel sucht die Dame?« Und dabei bleibt sein Blick an meiner Latzhose hängen. »Kabel – wieso denn weiß? Was schätzen Sie denn, wo sich in einem Baumarkt das Elektrokabel aufhält? Im Holzzuschnitt, was? Haha! Kleiner Scherz.« Und dann ganz väterlich: »Kommen sie mal mit, Fräulein, ich bring' Sie zu dem Kabel, nicht dass Sie sich nachher noch verlaufen. Haben Sie zu Hause denn jemanden, der Ihnen das Ding auch verlegt?«

Der Unterton ist unüberhörbar, doch ich schweige verstockt, bis wir in der Elektroabteilung stranden. Na, jetzt bin ich aber gespannt.

»So guckense mal – hier gibt es Kabel, soweit das Auge reicht!«

Mit Kennerblick und gönnerhafter Geste weißt er auf eine Menge Kabel hin, das hier zugegebenermaßen hinter einer Säule mit grünen Grillschürzen tatsächlich hängt.

»Aber das ist alles Schlauchkabel, ich will flaches!«, saust meine verbale Faust in seine unvorbereitete Magengrube. Treffer!

»Wie flaches, ist doch egal!«

»Nein, ich suche flaches Kabel, das ist zu dick. Und so wie ich es verlegen muss …«

Wie eine Fanfare tönen meine Worte über schon verloren gegebenes Terrain. Einen kurzen Moment ist er anscheinend verblüfft, aber im Nu hat er sich wieder gefangen und zieht triumphierend eine Kabelrolle vom Halter.

»Dann nehmen wir doch das solange. Flacher geht's nicht!«

»Das ist aber schwarz. Ich brauche weißes Kabel. Weißes, flexibles, flaches zweiadriges Kabel, 0,75 Querschnitt.« So.

»Das gibt es nicht!« Mit dem Brustton der Überzeugung und froh, die Lösung gefunden zu haben, senkt sich seine Stimme wieder Richtung Parkposition.

»Ich habe aber doch schon welches zu Hause, und ich möchte jetzt nur noch mehr davon kaufen. Es muss also welches geben.«

Er sieht sich verzweifelt um und entdeckt tatsächlich hinter all den schwarzen Kabelrollen noch zwei weiße, flach, zweiadrig, mit 1,5 Durchmesser.

Unerbittlich beharre ich auf 0,75. Ich will 0,75. Keine 1,5. Da spielt er seinen letzten Trumpf aus.

»Das macht man doch heute nicht mehr. Kein Mensch verlegt heute noch 0,75er Kabel. Das lohnt sich doch nicht. Heute verlegt man 1,5 und dann ist man auf der sicheren Seite. Bestellen Sie Ihrem Mann einen schönen Gruß, mit 1,5 kann er keinen Fehler machen«. Mein Mann kann sowieso keinen Fehler machen, weil ich überhaupt keinen Mann habe. Und ich habe auch nicht die Absicht, mir einen anzuschaffen. Dann schon eher ein Backenhörnchen, das zur Pflanzzeit Tarnnetze über meinen Balkon spannt. Aber selbst wenn ich einen hätte, einen Mann, könnte ich meine Kabel durchaus selber verlegen, und wenn ich ein 0,75er-Kabel verlegen wollte, dann würde ich mir kein 1,5er-Kabel aufschwatzen lassen. Und mein Mann würde es nicht wagen, mir zu erzählen, dass es keine 0,75er-Kabel gäbe, weil er genau wüsste, dass mich solche bodenlose Dummschwätzerei tierisch auf die Palme bringt, so dass ich Vater und Mutter vergesse und mir die reinste Mordlust aus den Augen funkelt und ich dir dein 1,5er-Kabel gleich um deinen armseligen, bleichen Zwergenhals schlinge und dann ganz langsam, aber unbeirrbar zuziehe, bis du aufhörst, derartigen Dünnschiss von dir zu geben, nur weil du glaubst, dass Frauen nicht in einen Baumarkt gehören und schon gar nicht in deinen Baumarkt, dooo Plackfisel!!«

»Was kann ich für Sie tun?«

Eine junge Frau im orangefarbenen Kittelchen hat sich am Service-Point eingefunden und reißt mich jäh aus meinen gewalttätigen Tagträumen.

»F … finde ich die Apfel … taschen für … Zwergenhörnchen in … der Drosselabteilung?«

Sie lächelt freundlich, aber völlig verständnislos angesichts meiner Stammelei und sagt: »Bitte?«

Ein Mädchen – im Baumarkt! Im Baumarkt. Ein Mädchen. Da ist ein Mädchen im Baumarkt am Service-Point! Auf der Insiderseite des Service-Points! Ein Mädchen!

Ich strahle begeistert zurück, denn jetzt weiß ich, dass wir auch die Schlacht im Druidenwald unumkehrbar siegreich geschlagen haben! Ein Mädchen, oh – oh, ich weiß, was für eines furchtlosen Gemüts es bedarf, sich in dieser gnadenlos karohemdenen Männerwelt zu behaupten. Ich weiß, meine Tochter, wie es in manch finsterer Stunde in dir aussehen mag! Ich weiß es, du tapferes Walkürenkind, welch grässlichem Lindwurm du tagtäglich furchtlos die kühle Stirn zu bieten hast, du Wunderbare, Unerschrockene! Ich weiß, in welchen

Hades der Idiotie du Morgen für Morgen tollkühn hinabsteigst, ungewiss, ob dir je wieder die Rückkehr ins warme Licht des lebendigen Intellekts vergönnt sein wird – ich weiß, oh ja, ich weiß!

Nur was ich kaufen wollte – das weiß ich jetzt nicht mehr. Ach ja – es ist Pflanzzeit!

Gerd sagt, wer mitreden will, muss sich kundig machen. Gerd sagt, wer immer nur auf Politiker schimpft, hat keine besseren verdient. Gerd sagt, wir brauchen mündige Bürger. Gerd ist ein mündiger Bürger.

Ich will gerne bessere Politik, und deshalb habe ich mir Gerds Rat zu Herzen genommen. Ich war in den letzten beiden Wochen auf vier Experten-Hearings, zwei Podiumsdiskussionen und einem Bürgerforum. Obwohl ich Worte wie *Hearing* hasse. Hörend – das ist doch kein Substantiv. Ich hasse es wie *Ranking*, *Branding* oder *Outsourcing*. *Spleening* kommt wahrscheinlich als nächstes. Kein Mensch wird klüger durch *Extreme Dumpfbacking*. Außerdem ist to hear das falsche Verb – es müsste *Listening* heißen, oder?

Aber das ist ein anderes Thema. Man darf sich nicht verzetteln, sagt Gerd. Man muss das Ziel im Auge behalten.

Gerd ist schon da, als ich zum ersten Hearing komme. Die Menschen auf dem Podium lachen und begrüßen sich. Sie sind die Experten. Sie kommen aus allen Bereichen und erklären ihre Standpunkte. Die Künstler haben Hunger und wollen Geld, die Politiker haben viel übrig für Kunst und schon Geld gegeben, die Behörde hat alles getan, was möglich war und jetzt kein Geld mehr, und die Wirtschaft bringt noch einen Haufen mehr ing-Worte ins Spiel.

Einer der Politiker hat einen Rhetorikkurs besucht und einen stehen. Oder eine ungünstige Hose an. Er spricht mal laut, mal leise, eindringlich oder lieb, fragend und schließlich eindeutig. Ich überlege, ob ich ihn schon kenne, mir kommt die Sprechweise bekannt vor. Die Sache mit der Erektion lässt sich nicht klären. Bei diesem Hearing darf das Publikum keine Fragen stellen.

Beim zweiten Hearing sind mehr Frauen als Männer anwesend, deshalb gibt es auch Plätzchen und Kaffee, und vier der Experten kenne ich schon. Der Typ mit der Erektion ist heute entspannter und hat Hunger. Obwohl er doch gar kein Künstler ist, frisst er alle Plätzchen auf seinem Tisch alleine.

Das dritte Hearing zeigt völlig neue Perspektiven, denn es gibt kein Podium, die Experten sind genauso weit unten wie die Hörenden, und zwar extra, was dazu führt, dass man rein gar nichts hören kann, aber so ist das mit der Barrierefreiheit. Sagt eine dralle Rothaarige von den Grünen. Sie trägt vielfarbige Tücher und echauffiert sich, als sei sie heute die Kunstexpertin. Ist sie auch, denn sie war als einzige schon mal auf einer Ausstellung und erzählt mir davon. *Senior = Lebenskunst*, habe die Ausstellung geheißen, und ich zeige mich beeindruckt.

Der Rhetorikkurs war sein Geld wert, denn als der Typ spricht, lauschen alle andächtig, vielleicht liegt das aber auch an dem Ehestreit, der in der Kneipe nebenan lautstark entbrannt ist. Als die Frau – nicht die Rothaarige, sondern die Ehefrau aus der Kneipe – brüllt »Dich mach ich fertig!«, stehen einige auf und müssen dringend aufs Klo. Das will sich kaum einer entgehen lassen.

Als ich vom Klo zurückkomme, ist nur noch die Hälfte der Leute da. Auch Gerd ist gegangen. Nur der Typ redet noch immer.

Man kann einfach gehen, ohne seine Getränke zu bezahlen, der Wirt hat die Übersicht verloren. Das machen dann auch alle. Nur der Typ, der noch redet, ist da, als ich gehe. Vielleicht muss der ja jetzt für alle bezahlen. Ich überlege, ob ich mich schäme, falls ja. Und denke: Nein.

Das vierte Hearing ist »vor Ort«. Vor Ort sagen die Experten, wenn sie meinen, dass es da ist, worüber man redet. Die meisten jedenfalls sind zum ersten Mal da. Politiker sind diesmal nicht gekommen. Terminschwierigkeiten. Die Heizung ist kaputt, aber das finden alle sehr ursprünglich und authentisch. Die Frauen sind ganz aufgeregt. Alles ist so neu heute. So gewagt. Finden sie in der Pause. Und einer der Künstler riecht streng. Die Frauen kichern nervös. Als keinem mehr was einfällt, kommt doch noch der Typ mit dem Rhetorikkurs und der Erektion. Er unterhält sich lauthals mit einer Frau, die er kennt, sehr angeregt, so dass sich die Experten auch nichts mehr überlegen müssen, was sie sagen könnten. Alle hören jetzt zu, was der Typ seiner Bekannten erzählt. Was seine Partei will und dass man ihn vorgeschlagen hat. Aber nur wenn der Müller mitzieht, hat er auch eine Chance. Aber der Müller, der sei ja ein Arschloch, das wisse doch die ganze Stadt – der habe eine neue Frau, fünfzehn Jahre jünger sei die und immer in so knappen

Minis. Der mache sich ja lächerlich, das Arschloch, und ich sehe, dass alle anwesenden Männer gern mal Müllers Neue kennen lernen würden, aber es sagt keiner was.

Am Schluss hat er doch wieder eine Erektion, vielleicht sollte der mal seine Hormonsituation überprüfen lassen. Schließlich gibt es auch für so was Experten.

Am besten hat mir das Bürgerforum gefallen, weil da jeder gesagt hat, was er wollte. Ein ganz Dicker wollte Zigarrenverbot auf öffentlichen Toiletten, sofern es sich um Zigarren aus Kuba handele, und eine junge Frau Finnischunterricht in Kinderkrippen. Alle hatten eigentlich nix gegen Klimaerwärmung, fänden es nur besser, wenn die ohne Umweltverschmutzung wäre, und alle wollten mehr Geld, auch die Politiker. Einer fand doof, dass das Sozialamt sein warmes Duschwasser vom Hartz IV abzieht, weil das Duschwasser schon mit der Miete bezahlt wär', so dass er jetzt jeden Monat 3,19 € weniger kriegt. Verstanden hat's keiner, und am Ende stellt sich raus, das die Faschos einen eingeschmuggelt haben, einen Maulwurf – den haben wir dann alle verprügelt.

Hoffentlich haben wir das richtig verstanden und der war wirklich ein Fascho, sonst hätten wir nachher einen Falschen verhauen, nur weil der nicht warm duschen wollte.

Bei Podiumsdiskussionen darf man auch etwas sagen, nicht nur die Experten, und das machen alle. Eigentlich soll man was fragen, aber das tun sie nicht. Sie sagen lieber was.

»Ich bin schon seit dreiundzwanzig Jahren ehrenamtlich bei den Höhenberger Naaksüüle und setze mich für die Jugend ein, besonders für die Mädchen, hähä.«

»Ich bin der Alterspräsident der Schrebergartenanlage Poll, und wir setzen uns in der dritten Generation für Kunst auf Tulpenbeeten ein. Der berühmte Schrottkünstler Alfongs Lattenkamp hat schon vor Jahren mehr Kunst auf Tulpenbeeten angemahnt und das zu Recht.«

»Ich bin die Vorvorsitzende der Mütter für Kultur in Turnbeuteln, Turnbeutel e.V., und wir setzen Zeichen für die Symbiose zwischen Kunst und Sport, denn Kunst und Turnen …«

Die Künstler sind inzwischen besoffen, weil die Getränke bei den Podiumsdiskussionen umsonst waren, und jetzt erzählt mir der Typ mit der ungünstigen Hose ganz im Vertrauen, wie günstig er an den Rhetorikkurs gekommen ist. Er sagt: »Wir kennen uns doch«, was ja kein Wunder ist, sieht er mich doch seit zwei Wochen fast täglich. Er hat im Priesterseminar mitmachen dürfen, gegen eine kleine Spende in den Kingelbeutel, obwohl er doch evangelisch sei – aber das hätte der Pastor nicht gemerkt. Jetzt weiß ich auch, wieso mir so bekannt vorkommt, wie er redet. Der hat sich das vom Predigen abgeguckt.

Gerd sagt, begeistert von meinem Einsatz: »Na, habe ich dir zuviel versprochen? Lohnt sich doch, wenn man sich selber schlau macht und mitmischt.«

Gerd hat eindeutig Recht. Seit ich mich schlau mache, bin ich felsenfest überzeugt, dass wir mit unseren Politikern das Beste gewählt haben, was derzeit möglich ist. Worum es gegangen ist bei den Veranstaltungen, weiß ich noch nicht. Es waren, glaube ich, immer Künstler zugegen, da könnte man meinen, es habe etwas mit Kultur und Kunst zu tun.

»Täusch dich mal nicht«, sagt Gerd, »man diskutiert heute gern interdisziplinär.«

Ich krieg's bestimmt noch raus. Nächste Woche mache ich mal zwei Think-Tanks mit, bei den Benzinpreisen muss man nehmen, was man kriegen kann Nach Rom wäre ich auch gern mitgefahren, zum Workout. Aber das ist nur für Sozialdemokraten – als ob bei denen beten noch was nützen würde.

Ich Tarzan – du Jane!

Eine Busreise nach Prag – Britta hat super Ideen. Ich wäre in meiner freien Woche vermutlich noch nicht mal ins Kino gekommen. Jetzt habe ich Tschaikowsky im Walkman und lasse mich mit Kafkas *Prozeß* im Gepäck Richtung Laurenziberg schaukeln.

Der summende Bienenstock Mitreisender versinkt im *Schwanensee* – breites Wohlgefühl. Danke, Britta.

Ich fahre mit der Straßenbahn in die Stadt. Zwei Stunden lang fahre ich ohne Ziel mit sämtlichen Linien, nur um den wundervollen tschechischen Straßennamen zu lauschen, die eine junge Stimme vom Band an jeder Haltestelle geradezu musiziert: Lipanska, Perunova, Namesti Karlevo, Na Folimance. Die hinreißende tschechische Schwermut ergreift von mir Besitz. Alle empfindungsfähigen Fasern meiner Seele beginnen sich aufzurichten wie Waldmeister in einem warmen Mairegen. Ein kurzer Besuch an den Ufern der Moldau, die weiße Abendnebel zur Prager Burg hinaufschweben lässt wie zarte Gespinste bräutlicher Schleier. Prag ist Poesie – wenn auch nicht unbedingt gute Poesie!

In Hochstimmung kehre ich ins Hotel zurück, die Bar ist noch auf. Ein Gast am Tresen. Etwas affige, handgenähte Cowboystiefel, zu enge Jeansjacke. Unser Busfahrer.

Dank ihm, der mir tausend lustige Reisegeschichten erzählt, bringe ich schließlich in Erfahrung, warum Becherovka Becherovka heißt: Man trinkt dieses hochprozentige süße Zeug tatsächlich aus großen Bechern – bis man sich übergibt, was wir auch einträchtig tun. Danach gehen wir über zu Bier, rauchen dicke Zigarren, und ich übergebe mich ein zweites Mal. Wir balancieren kichernd auf dem Treppengeländer und singen »Born to be wild«. Danach muss ich ins Bett.

Als ich die Tür zumachen will, will er noch eine Zigarette haben.

»Im Koffer bestimmt.« Ich tappe durch das halbdunkle Zimmer.

Mit seinem Frontalangriff aus dem Hinterhalt habe ich definitiv nicht gerechnet. Dass mit diesem Alkoholpegel überhaupt so eine gezielte Attacke möglich ist, hätte ich nicht gedacht. Er wiegt weit mehr als das Doppelte, ich bin total blau, entsprechend ernsthaft fällt meine Gegenwehr aus. Gut, *mann* hätte mal eine Andeutung machen können, vorher, dann hätte ich, als ich das noch konnte, eine Chance gehabt, zu überlegen, ob ich ebenfalls will –.

Nach fünfundvierzig Sekunden sind wir entkleidet und auf mir ruhen zweieinhalb volltrunkene Zentner. Bevor es zum entsprechenden Tatbestand kommt, schläft das Überfallkommando tief und fest. Von einer Sekunde auf die andere. Auf mir.

Zuerst denke ich, der macht Quatsch.

Nach und nach keimt die Ahnung, er könnte wirklich schlafen! Seine Nase gräbt sich tief in die Kuhle meines Schlüsselbeins, und seine Stirn drückt schwer auf meinen Hals. Als er trotz Bauchlage laut zu schnarchen beginnt, kriege ich einen irren Lachkrampf. Anschließend die Wut.

Was – was – was fällt diesem … diesem … diesem … denn ein! Bodenlose Unverschämtheit. Der hat ja wohl einen Knall! Und was für einen. Auf mir ist noch keiner eingeschlafen. Schon gar nicht vorher. Auf mir schläft man nicht ein! Soll denn das heißen?

Äußerst schmerzhaft bohrt sich sein linkes Knie in meinen rechten Oberschenkel. Ich stemme mich leider vergeblich gegen den inzwischen völlig hypotonischen Koloss von Rhodos. Schließlich kriege ich keine Luft mehr. Aber runter kriege ich ihn auch nicht. Allmählich kriege ich Angst. Ich bin allein unter Busfahrern! Der zerquetscht mich, ohne es zu merken. Morgen früh ist von mir nur noch ein Fettfleck übrig. Morgen früh liege ich tief unten im Hafenbecken des Vergessens, begraben unter der übergewichtigen Antike für Jahrtausende. Er wird sich ja weder einer Schuld bewusst sein (alkoholbedingte Amnesie) noch den Fettfleck zu deuten wissen. Männer haben bei solcherart Flecken völlig andere Assoziationen. Meine Nachwelt wird nie erfahren, welch groteskem Umstand ich zum Opfer gefallen bin!

Meine Atemzüge werden immer kürzer. Ich nehme das letzte Quentchen Luft und schreie in sein rechtes Ohr: »Hey – lass mich sofort hier raus!«

Er grunzt freundlich.

Als sein mächtiges Haupt in tiefem Schlummer von meinem Schlüsselbein auf meinen Kehlkopf rollt, beginne ich verzweifelt, in seine Kopfhaut zu beißen. Gott sei Dank lässt der Schmerz in den Beinen nach.

Ich habe gar kein Gefühl mehr in den Beinen, dafür jetzt Haare im Mund.

Ich muss handeln, bevor die Sauerstoffarmut mein armes Hirn vollends in rote Wirbel hüllt. Vielleicht gelingt es mir, die gut hundertzwanzig Kilo anästhesierten Fleisches langsam aufzuschaukeln. Wie ein rollender Ozeanriese, der sich seinen Weg durch die Weiten der Meere erschaukelt, könnte er eine gewisse Eigendynamik entwickeln. Und tatsächlich, der bleierne Titan über mir beginnt zu rollen und zu schnaufen, zu schwanken und zu schaukeln. Hoffentlich wird der nicht seekrank – das hätte mir gerade noch gefehlt.

Trotz der sich weiter zuspitzenden Luftnot entringt sich meiner Kehle ein gellender Schrei, als der inzwischen tonnenschwere Seelenverkäufer nach einer besonders heftigen Schaukelbewegung meinen Hüftknochen gegen die Metallstreben des Bettes katapultiert. Dummerweise hat er keinen allzu leichten Schlaf und fühlt sich auch diesmal keineswegs gestört. Busfahrer haben einen verantwortungsvollen Job und brauchen ihren Schlaf.

Ich beruhige mich, dass ich nicht zwingend auf meine linke Hand angewiesen bin, ich bin Rechtshänder. Plötzlich schlägt er seine Augen auf, ist aber immer noch nicht bei Bewusstsein. Wachkoma durch Alkoholmissbrauch, so was kann Jahre dauern!

Blut rauscht in meinen Ohren. Doch schließlich – ohne jede Gegenwehr und ohne jede Körperspannung –, mit weit geöffneten Augen, kippt das Ungetüm über die Bettkante und schlägt ungebremst mit einem gewaltigen Klatschen auf dem Fußboden auf.

Totenstille.

Oh Gott, jetzt habe ich ihn umgebracht! Wie soll ich das erklären, wie die Leiche wegschaffen? Ich werde eine Säge brauchen, man sagt doch, Leichen wiegen doppelt soviel wie vorher. Zersetzende Schwefelsäure, wo soll ich die in Prag besorgen, in einer fremden Stadt, in einem fremden Land? Hier kenne ich doch keinen!

Verwundert schüttelt sich die Leiche. »Iss'n los?«

Wieselflink sammle ich seine Brocken ein, werfe sie auf den Flur und schiebe ihn wortlos hinaus! So! Durch die geschlossene Tür höre ich sein verblüfftes »Ey – iss'n los«? Aber nicht lange, und er trollt sich.

Glücklich und unendlich dankbar für meine Errettung sinke ich auf einen Sessel, denn ins Bett, an den Ort meines Nahtoderlebnisses, wage ich mich nicht zurück.

Wild entschlossen, diesen Rohling mit vernichtender Verachtung zu strafen und keines Blickes mehr zu würdigen, und wenn er sich von nun an stündlich bei mir entschuldigt, schreite ich am nächsten Tag, das Gesicht hinter einer dicken Sonnenbrille versteckt, empört ins fahle Morgenlicht. Frühstück ist schon abgeräumt. Mist!

Ich blicke durch jedwede potentiell gestiefelte Gestalt prophylaktisch und geradewegs hindurch. Solcherart Gewürm nimmt unsereins überhaupt nicht wahr.

Da nimmt das Gewürm die Sonnenbrille von meiner Nase und hält mir ein wenig schüchtern einen dampfenden Becher Kaffee vor's Gesicht.

»Magst du?«

Es gibt Momente, in denen Prinzipien kontra-produktiv sind und Widerstand zwecklos. Es gibt Momente, in denen jeder bestechlich ist – na und? Man macht sich lächerlich, wenn man unflexibel auf seinen Standpunkten beharrt. Es tut ihm sicher sehr leid.

Er sieht allerdings kein bisschen zerknirscht aus, und er macht auch gar nicht den geringsten Versuch, sich zu entschuldigen. Er grinst.

»Es gibt Typen«, sagt Britta, »da musst du einfach aufpassen, dass du nicht drunterliegst. Das ist das ganze Geheimnis. Solange du nicht drunterliegst, sind die völlig in Ordnung.«

Ab jetzt passe ich auf.

Wie man ein Krokodil erwürgt

Ich schrieb diese Geschichte in Liebe zu den wunderbaren
Männern, die mich all das lehrten, was ich über Krokodile weiß.
(Oder waren es Feigen, Otto-Motoren, Biersorten, Grillkohle?)

»Du musst schon riesiges Glück haben, um in Afrika
von einem Krokodil gefressen zu werden!«

Mein Thekennachbar scheint es genau zu wissen.

»Die Chance, im Lotto zu gewinnen, ist achtmal
höher!«

»Na, dann warte ich in Ruhe erst mal den Lotto-
gewinn ab.«

»Krokodile sind extrem selten geworden, und außerdem sind sie gar nicht so gefährlich, wie das kleine
Kasperle immer denkt.« Ich für meinen Teil habe den
Polizisten im Kasperletheater immer schon für den
Gefährlicheren gehalten. »Sie sind ohne jede Moral, das
stimmt schon. Sind halt keine Warmblüter, sondern
kalt, empfindungslos. Mit ihrer Intelligenz kommen sie
grade mal an Geier ran, sind ja auch ihre direkten
Verwandten, die Vögel.«

Der Junge hat's drauf. Ich hätte mich nie getraut, so
despektierlich über Polizisten zu reden.

»Direkte Nachfahren der Dinosaurier — ist schon
Wahnsinn. Sie kennen keine Sozialverbände oder
Beziehungen untereinander. Jedes Gnu denkt so-
zialer.«

Wenn sich einer auskennt, dann der.

»Und wenn sie ihre Beute zerreißen und runterwürgen, dann weinen sie. Also es fließen Tränen aus ihren Augen, das hat aber mit Trauer gar nix zu tun. Krokodilstränen halt. Die Tränen fließen, weil die so gierig ihre Beute runterschlingen, kennt man ja selber. Wenn man hastig trinkt, steigen einem die Tränen in die Augen.«

Er guckt einen Tick zu lange auf mein leeres Bierglas und scheint doch nicht ernsthaft über Polizisten zu reden. Ich krieg' noch eins. Ein Bier.

»Die haben zwar unglaubliche Kiefer – wenn die zuschlagen, dann mit der Kraft von bis zu einer Tonne, je nachdem wie groß das Krokodil ist –, aber ist das Maul erstmal zu, kannst du es mit zwei Fingern zuhalten!«

Und das trifft nur für Krokodile zu? Schade.

»Du musst nur nah genug rankommen, und dann kann das Krokodil nix mehr machen.«

Is' ja ein Ding! Könnte sein, dass gleich das Krokodil in mir erwacht und: schnapp! Aber ach, die Liegerei im Wasser tagelang, bis so ein Idiot wie der nah genug ist – das ist mir dann doch zu langweilig. Ich bestell' noch ein Bier.

»Wenn du dann das Maul zuhältst, dann kannst du's erwürgen, wenn du wolltest. Das Krokodil. Abgesehen vom Zuschlagmechanismus des Kiefers sind die nämlich gar nicht so stark. Ich bin übrigens Jürgen. Hi.«

»Prost.«

»Das einzige, worauf du noch aufpassen musst, ist der Schwanz.«

Ich dachte es mir.

»Und – wie isset?«, frage ich den Wirt.

»Afrika ist eh eine ganz andere Welt. Wenn du das mal mit eigenen Augen siehst, da kriegst du eine ganz andere Einstellung.«

»Zu Krokohandtaschen ...«, vermute ich. Kurt, der Wirt, lacht.

»Ja, und zum Leben überhaupt.«

Gut, dass wir mal drüber gesprochen haben.

»Hatt'n der FC gespielt?«, frage ich den Wirt, »war doch Sonntag.«

»Wenn du in Afrika morgens die Sonne über der Serengeti aufgehen siehst, da steigen dir echt die Tränen in die Augen.«

Musst du halt deinen Kaffee nicht so hastig trinken. Hast du doch eben selber gesagt.

»Es ist ja nicht nur die Urtümlichkeit der Krokodile ...«

»Nicht?«

»Nein, es ist dieses fressen und gefressen werden, dieser uralte Kreislauf des Lebens, diese unendliche Schönheit der Grausamkeit.«

Ja, ich sag' auch immer, dass es Sinn macht, wenn der Afrikaner verhungert. Hauptsache, er stirbt fotogen. (Okay, habe ich nicht gesagt, hab' ich nur gedacht.)

»Und diese Schönheit verschwindet. Es wird immer seltener, dass Afrikas Natur wirklich noch intakt ist. Man muss inzwischen wirklich Glück haben, Krokodile zu treffen.«

Der Kreis schließt sich. Das ging ja schnell. Was eben jeder so unter Glück versteht. Ob der Afrikaner jetzt wirklich darauf steht, ein Krokodil zu treffen ...

»Meinst du, der FC gewinnt gegen Werder?« frage ich den Wirt. »Ich glaub's ja nicht …«

»Stell dir doch mal vor: mit nur zwei Fingern! Und schon kriegt das Riesenkrokodil das Maul nicht mehr auf!«

Ich stell's mir vor.

»Was denn?«, fragt Kurt. »Dass der FC gegen Werder gewinnt? Das wär' doch mal 'ne Sensation …!«

»Das heißt doch, wir müssen nur unsere Angst überwinden. Wusstest du, dass sie ihre Kinder fressen?«

»Wer jetzt? Die Revolutionen oder die Spieler beim FC?«

»Nein, die Krokodile.«

»Ach, die auch?«

»Ja, bis zu neunzig Prozent der ausschlüpfenden Krokodiljungen werden gefressen. Und gar nicht so selten von ihren eigenen Eltern.«

»Kann ich nachvollziehen. Ich hab' auch zwei.«

»Krokodile, echt? Da rückst du jetzt erst mit raus? Ist ja total schwer, die im Terrarium zu halten. Für Anfänger ist das nix. Wie groß sind denn deine Krokodile? Oder hast du Alligatoren?«

»Ich dachte, die heißen Raptoren. Bei Steven Spielberg heißen die Raptoren.«

»Hey, du bist ja ein Profi. Und da sagt die die ganze Zeit nix. Ich dachte schon, es interessiert dich gar nicht, was ich über Krokodile erzähle, aber so täuscht man sich manchmal. Nee, ich meine Alligatoren. Ist ja der Hammer, erzähl doch mal. Was fressen die denn so, und kann ich vielleicht mal vorbeikommen und mir mal aus der Nähe angucken?«

»Du musst nur auf den Schwanz aufpassen«, sage ich, und Kurt, der Wirt, verschluckt sich.

»Jetzt sag doch mal!«

»Zwei Kinder habe ich, keine Krokodile. Obwohl, es kommt, glaube ich, aufs selbe raus.«

Kurt nickt stumm – er hat drei.

»Wie – Kinder?«

»Zweibeiner, Warmblüter, Hominiden, Aasfresser«, erkläre ich dem Biologen. »Sind mir zugelaufen. Zu spät gemerkt. Und dann wirste sie nicht mehr los. Wenn die einmal Blut gerochen haben, beißen die sich fest, und du bist völlig machtlos. Die haben lähmendes Gift in ihren Fangzähnen, und sie hypnotisieren dich, bis du genau das machst, was sie verlangen. Du magerst ab – guck mich doch an –, und du entwickelst Fieberträume und kannst nicht mehr atmen, wenn sie nicht in deiner Nähe sind. Angstschweiß ist dein ständiger Begleiter, du entwickelst die furchtbarsten Psychosen. Das machen sie allein mit ihren Ausdünstungen. Du bist gar nicht mehr du selbst, du verlierst fast alle normalen Sozialkontakte. Du hast nur noch vereinzelte, zu anderen Befallenen. Alkohol ist das einzige, was Wirkung zeigt und die Beschwerden lindert. Viel Alkohol.«

»Wie … wie alt sind denn diese Kinder?«

»Ende zwanzig, und es spricht einiges dafür, dass es bald soweit ist. Dass sie sich weitervermehren, und dann suchen sie sich einen neuen Wirt. Für die Brut, verstehst du? Du kannst gerne mitkommen und sie dir ansehen. Aber Vorsicht, du musst auf den Schwanz aufpassen …«

Das hat der Arme schon gar nicht mehr gehört. Er hat fluchtartig die Kneipe verlassen. Aber Kurt macht vergnügt die beste Flasche Malt-Whiskey auf, die er im Schrank hat. Es ist bereits hell, als wir nach Hause gehen, und wir singen »Crocodile-Rock«. Danke, Elton.

Auch wenn unqualifizierte Ratgeber von schlecht ein-
parkenden Frauen und gehörlosen Männern berichten
und dass Gene und Hormone zu gleichen Teilen daran
Schuld tragen, das Ganze also für die nächsten Äonen
unabänderlich sei: Das alles ist gar nicht wahr! Ich kenne keine Frau, die monatlich von hormongesteuerter
schlechter Laune heimgesucht wird. Keine. Unfug.
Ammenmärchen. Und nur den Bankkonten drittklassi-
ger Autoren dienlich.

Wir leiden ab und an – Männer wie Frauen – unter
saisonalen Gefühlstälern. Na und?

Es regnet seit Tagen, ich habe einen entsetzlichen
Pickel auf der Nase, in drei Tagen werde ich fünfundvierzig, und Reiner, in den ich mich verknallt habe, hat
seit vier Tagen nicht angerufen. Meine beste Freundin
Britta ist seit zwei Wellness-Wochen in der Bretagne.

Ich erkenne die Situation schlagartig wieder – es ist
soweit! Jetzt heißt es, beherzt handeln. Das Serum
gegen solche lebensvergiftenden Zustände ist mir bekannt, und ich treffe notwendige Vorbereitungen. Ich
kaufe eine Kiste Rotwein, 500 Gramm Schichtnougat,
zwei Schachteln Zigaretten und Taschentücher, denn
die stimmungsaufhellende Wirkung von Rotwein und
Schokolade ist allgemein bekannt.

Dann braucht es in solchen Lebenslagen einen richtigen Mann! Auf Zelluloid. Es macht keinen Sinn, sich
an einem solchen Abend der Realität zu stellen.

So. Clint Eastwood raucht schweigend. Ich tue es ihm gleich. Man sieht ihm an, dass er leidet. Was mein allergrößtes Entzücken hervorruft: Es tut alles, um das zu verbergen, in der Gewissheit, dass sich diese Art Leiden nicht verbergen lassen wird.

Clint Eastwood sagt rau: »Francesca ist ein wundervoller Name«, und wir wissen, wo das endet. Er zieht sein verschwitztes Unterhemd über den Kopf und hält ihn mit einer raschen Bewegung unter den eiskalten Strahl der Wasserpumpe, denn noch sind wir nicht soweit.

Der ahnungsvolle Schmerz in seinem Blick erhöht die Süße des Momentes frappant. Meine Übelkeit wegen der Überdosis Schichtnougat muss mit Rotwein hinuntergespült werden. Langsam werde ich munter. Sie tanzen, und die Katastrophe nimmt ihren Lauf. Ein beträchtlicher Teil des Nougats klebt inzwischen auf meinem ausgeleierten Sweatshirt. Es verteilt sich mit zunehmender Schmelze auf meinem Lesesessel. Die zweite Flasche Rotwein nähert sich dem Grund, und Francesca beginnt zu weinen. Auch meine erste Träne kullert auf die breitgesessene Nougatmasse.

Meine Stimmung hellt sich in dem Maße auf, in dem die Schokolade ihre dunklen Spuren auf dem Sessel zurücklässt und die Situation von Francesca und Clint aussichtsloser wird. Sie wird ihren Mann nicht verlassen, denn auch der ist ein anständiger Kerl – auf seine Art. Ihr bricht natürlich das Herz, und das ist gut so. Clinty beschließt auf Francescas Wunsch, seinen Pickup zu nehmen und Iowa und sie wieder zu verlassen. Er steht stumm im strömenden Regen, und meine

Tränen fließen so ungehindert wie der Landregen in Iowa über Eastwoods ungeschütztes Gesicht. Königsdramen spielen sich in seiner steinernen Miene ab: Liebe, Verrat, Eifersucht, Tod. Doch er tritt dieser finalen Hinrichtung mit offenem Visier entgegen. Ich hätte dich niemals so stehen lassen, Clint. Nie!

Proportional zu meiner äußerlichen Verwüstung schreitet der innerliche Heilungsprozess voran. Um mich herum türmen sich Tempotaschentücher, überquellende Aschenbecher, und leere Rotweinflaschen kullern am Boden. Mein Gesicht zieren breite braune Streifen tränendurchwirkter Nougatmasse. Und ich heule immer noch. Ein herrlicher Abend!

Auf dem Höhepunkt dieser grandiosen Entwicklung klingelt Reiner. An der Tür. Ganz spontan. Großartig.

Er besteht darauf, reingelassen zu werden. Meine Fähigkeiten zum Widerstand sind eingeschränkt. Meine Artikulationsfähigkeit auch. Ich drücke mich zurzeit mehr mittels Körpersprache und Charisma aus.

Reiner sagt nichts und versteht auch nichts. Der Banause versteht nicht das Geringste von diesem wunderbaren Wandel, der sich hier und heute an dieser gesegneten Örtlichkeit an mir vollzogen hat! Die Katharsis, die sensible Gemüter halt hin und wieder durchleiden müssen, um geläutert auf die nächste Bewusstseinsebene zu gelangen, bleibt einem Klotz wie Reiner natürlich ein Leben lang verwehrt!

Was hat mir noch mal an ihm gefallen? Es fällt und fällt mir einfach nicht mehr ein! Ich kann auch meine Brille nicht finden. Dieser unwürdige Tölpel wagt es, mein allerheiligstes Ritual durch seine respektlose Intervention schamlos zu entweihen, das goldene Vlies der Läuterung auf despektierlichste Weise für alle Ewigkeit zu beflecken? – Hinfort! Es wird Nacht um mich.

Als ich meine Augen für einen kurzen Moment wieder aufschlage, schlägt die Wohnungstür zu. Reiner ist wohl weg, und auf Anrufe brauche ich nicht mehr zu warten. Und morgen Nacht gucke ich *Sixth Sense*, und ich weiß vom ersten Moment an, dass Bruce schon lange tot ist! Ha!

Wehret den Anfängen!

Es gibt Situationen, für die reichen die Parameter der mir zur Verfügung stehenden Handlungsmuster nicht aus. Ich weiß das und warne eindringlich, aber man glaubt mir nicht. Wenn es soweit ist, kann ich nichts mehr für meine Mitmenschen tun.

Es gab mal einen Film im Kino, wo ein Mensch nur mittels Gedankenkraft Flugzeuge abstürzen und Westfronten von Kathedralen einstürzen ließ. Er tat es nicht absichtlich, es passierte ihm, wenn er in Panik geriet oder schlechte Träume hatte. Ich – ich weiß genau, wie sich das anfühlt!

Im Kindergarten war ich zum Glück nicht, sie haben seltsame Bräuche in Kindergärten, hatte ich gehört, schon der öffentliche Gebrauch einer Geburtstagskrone hätte vermutlich zu grauenhaftem Blutvergießen eines kleinen Mädchens geführt. Aber in die Schule, zum Beispiel, muss man, auch wenn es aller Vernunft widerspricht, und in der Schule, in meiner Schule, gab es im Winter in der Pause manchmal eine Schneeballschlacht. Leichtsinnigerweise haben die Lehrer von damals solchen groben Unfug nicht verboten – heute schon allein aus versicherungstechnischen Dingen ein ungeheuerlicher Vorgang.

Alle Kinder freuten sich den ganzen Morgen auf die Pause, denn es schneite wie verrückt, und dieser Schnee blieb liegen. Ich hasse das tumbe Vergnügen, andere Menschen mit nassen, kalten, eiskalten Geschossen zu bombardieren wie die Pest, seit ich denken kann. Ich kann nicht lachen, wenn ich getroffen werde, gar nicht, und treffe selber nur in Ausnahmefällen, selbst wenn ich werfen würde, was ich nicht tue. Das Schlimmste ist, dass dieses Vergnügen schließlich in Einseifen gipfelt, eine Maßnahme, die mich sehr an amerikanische Foltermethoden in Guantanamo erinnert, sehr, und der ich weder als Opfer noch als Täter auch nur den geringsten Unterhaltungswert abringen kann und konnte. Was sind das für Menschen?

Drinnen bleiben ging damals nicht, die frische Luft wurde praktisch per Dekret vom Lehrer verordnet, niemand konnte sich widersetzen, Demokratie existierte an den Schulen der 60er eher als Idee in den Köpfen einiger Spinner. Also raus, mit Kapuze und dickem Schal vor dem Gesicht, das Unheil wie ein Tiefdruckgebiet in der Magengegend heraufziehen spürend.

Ich erinnere mich nicht mehr an Details. Schützende Amnesie. Die Ermittlungen ergaben, dass ich offenbar sofort und mehrfach brutalst getroffen wurde, in Panik die Konrektorin, die am Eingang stand, umgerannt haben muss, deren Sturz durch die Glasscheibe dieser Eingangstür umfassend dokumentiert ist. Die Bilanz war: eine Konrektorin mit Narbengesicht, eine zerborstene Eingangstür, eine böse Beule an der Stirn meinerseits, zwei zerrissene Mäntel und ein seitdem völlig verstörter Hund unseres Hausmeisters, der offenbar hinter dieser Tür gesessen hatte. So ist das nämlich, wenn der Pöbel triumphiert! Genau so!

Ich werde Gott sei Dank nicht mehr so ohne weiteres in Schneeballschlachten verwickelt, die Klimaerwärmung tut das ihre dazu, wenn auch nicht zuverlässig, aber es gibt nach wie vor eine Reihe von Situationen, deren Gefährlichkeit nicht zu unterschätzen ist. Runde Geburtstage von lieben Menschen beispielsweise, die auf meine Anwesenheit anlässlich der geplanten Feierlichkeiten bestehen. So etwas ist nicht gut. Es ist gar nicht gut. Doch natürlich verhallen meine Warnungen ungehört.

Ich werde falsch gekleidet sein, weil ich nirgendwo in Erfahrung bringen kann, wie man sich zu solchen Anlässen kleidet. Komme ich leger im leichten Bieranzug, werden alle im schwarzen Anzug dort sein, und komme ich im Anzug, dann wurde für eine 50er-Jahre-Party geladen. Der Brüller! Gehe ich im Petticoat, haben alle lustige Jogginganzüge an, weil der Jubilar so aktiv im Sportverein ist, und trage ich Turnschuhe, dann ist die Attraktion ein Barfuß-selbsterfahrungspfad, über den alle gehen müssen, was mit der neuen Videokamera des Geburtstagskindes gefilmt wird, und nach der Nummer mit den Turnschuhen kann ich diese Schuhe unmöglich jetzt ausziehen, ohne die Party zu sprengen, schon aus rein olfaktorischen Gründen. Man weiß, was Turnschuhe anrichten. Es wird Verstimmungen geben, weil ich ein Spaßverderber bin, wobei ich das Wort Spaß dringend neu definiert haben möchte. Aufgrund dieser Verstimmungen wird der beste Freund des Geburtstagskindes und Erfinder des Selbsterfahrungspfades mehr trinken, als er verträgt und trotzdem Auto fahren.

Sie ahnen bereits, was ihm auf dem Heimweg widerfährt. Es geschehen DINGE, und ein entsetzliches Trümmerfeld bleibt zurück.

Meistens mag ich das Geburtstagskind wirklich, was nicht bedeutet, dass ich seinen Freundeskreis automatisch auch mag, schon deshalb nicht, weil das Wort Freundeskreis bei mir schlimme Kontraktionen des Verdauungsapparates hervorruft. Freundeskreis klingt nach Grillabenden, an denen man über Teakölvarianten für Gartenmobiliar und die Wirksamkeit von Pferdebalsam bei Tennisarm debattiert. Dazu kommen die unvermeidlichen Darbietungen dieses Freundeskreises auf runden Geburtstagen, sie singen oder tanzen etwas vor, sie sagen Selbstgereimtes auf und haben sich lustige Spiele für den Jubilar ausgedacht, den sie gestern noch Freund nannten und der jetzt auf das menschenverachtendste von ihnen gedemütigt wird. Kurz, mir machen Freizeitvergnügen dieser Art Probleme. GROSSE PROBLEME. Ich rate dringend ab, mich zu solch derben Volksvergnügen einzuladen. Auch wenn ich mich gut betragen möchten *würde*, es werden schlimme Dinge geschehen.

Karneval gehört definitv dazu. Seit ungezählten Wintersonnenwenden schnüre ich um den zweiten Neumond des neuen Jahres herum mein Ränzel und gehe ins Exil. Hoch im Norden, auf einem nordseeumtosten Eiland, warte ich, bis die Winteroffensive der Rotgardisten mit Kanbüs vorüber ist. Und ich weiß sehr gut, warum.

Schon Wochen vor der fünf Tage während Entscheidungsschlacht sind versprengte Trupps der Maskierten selbst am hellichten Tag aus dem Straßenbild meiner Heimatstadt nicht mehr wegzudenken. Sie wirken orientierungslos, traumatisiert, mit den Regeln und Umgangsformen einer intakten Gesellschaft nicht mehr vertraut. Was bis gestern noch mein Apotheker war, ein freundlicher, gebildeter älterer Herr mit Goldrandbrille, steht heute in Reiterstiefeln mit Hunnenornat, bewaffnet bis an die Zähne und glücklich ob dieses Triumphes der Verrohung über den Geist, verzweifelt und betrunken an der Bahnhaltestelle. Nachmittags um zwei. Ich bin sicher, eine einsame Träne über seine kluge Wange rollen gesehen zu haben.

Was gestern eine Mitarbeiterin mit gesundem Menschenverstand war, geht heute als Maus, jeglicher Würde beraubt, mit einem freiwillig ins Ohr verbrachten Knopf gemeinsam mit einer als verlotterter Teddybär verhöhnten Mittvierzigerin auf eine MÄDCHENSITZUNG, eine jener unheilvollen Zusammenkünfte übelster Sorte, vorzugsweise in mittelalterlichen Gebäuden wie unserem Gürzenich, um sich dort gemeinschaftlich weit vor das Zeitalter der Aufklärung und der Vernunft in die dunkle Zeit finsterster Rituale zurückzukatapultieren. Es werden Menschenopfer dargebracht bei dieser Art Versammlungen, die Zeremonienmeister tragen schillernde Uniformen und spitze Hüte wie bei der heiligen Inquisition. Und es fließt UNMENGEN schwarzes Geld in noch dunklere Kanäle, weshalb ja kaum einer den Mut aufbringen kann, sich zu widersetzen, möglicherweise wird in den Hinterzimmern gefoltert, genügend Sängerinnen und so genannte Kapellen mit entsprechendem Potential gibt es, den Delinquenten an den Rand des Wahnsinns und schließlich zur Kapitulation zu zwingen. Die Parole der Geheimbünde heißt *Nikuta*.

Selbst die Kirche widersetzt sich dem heidnischen Treiben nicht, auch sie fürchtet die Macht der Schwarzen Magie, selbst Joachim, unser Meißnerlein, drückt sich furchtsam in die hinterste Ecke der Sakristei. »Von Zeit zu Zeit seh' ich den Alten gern«, tönt der Herr der Finsternis mit der todbringenden Pritsche in den Händen frech in kurzen Pluderhosen.

Bevor das grausige Treiben seinen Höhepunkt erreicht, verschwinde ich durch das Loch in der Stadtmauer unten am Dom. Ich werde nicht zugegen sein, wenn sie die grell bemalten Hinrichtungskarren lärmend durch die Straßen ziehen und der Mob entfesselt kreischt: »Kreuzigt sie!« oder was immer sie bei solchen Gelegenheiten rufen. Ich werde fort sein, damit weder die Westfront unserer Kathedrale noch Flugzeuge abstürzen in dieser dunklen Zeit. Ich werde auf einer kleinen eisigen Nordseeinsel hocken, jeden Abend um siebzehn Uhr die Krähen bei ihrem anmutigen Abendtanz um den Kirchturm beobachten und nicht an die Heimat denken, das wäre zu gefährlich.

Dort oben rasten die Wildgänse um diese Zeit, auf ihrem Weg zurück aus dem Winterquartier. Der Frühling steht bereits vor der Tür – es wird Licht! Ganz sicher.

Eines Morgens outer space

Mein Mitbewohner ist auf Chakrenreise. Eine alte Zenmeisterin aus Laos hat nach zwei Jahren zugestimmt, ihn in ihren Kreis der zu Erleuchtenden in Köln-Gremberg aufzunehmen. Das wird Folgen haben, auch für meine direkte Umgebung, sagt er nicht ohne Stolz und mit Blick auf mich, und ich bin froh, einen Fluss zwischen mir und der Zenmeisterin zu haben.

Er hat lange dafür gearbeitet, um einen guten Eindruck bei ihr zu hinterlassen. Man muss über eine besondere mediale Fähigkeit verfügen, sonst hat man bei ihr keine Chance. Sie nimmt nicht jeden, sagt er, sie sucht die Leute aus, die das Zeug zu einer großen Leuchte haben. Pardon, zum großen Leuchten. Viele Stunden hat mein Mitbewohner täglich meditiert, viele Tage im Monat gefastet, endlos hat er in der Fußgängerzone demütig das Glöckchen geläutet. Er wollte es unbedingt. In ihren Kreis aufgenommen werden. Er hat das Zeug dazu. Er hat all sein Geld für die Armen gespendet und einen Teil auch für die neue Küche seiner Zenmeisterin. Er hat täglich bei ihr geputzt und für sie gekocht – sie ist Vegetarierin, natürlich, hat aber eine große Vorliebe für Sahnetorten.

Ich wusste vorher gar nicht, dass die Zenmeister in Laos Sahnetorte essen, aber das liegt nur an meiner Unkenntnis. Zenmeister in Köln-Gremberg tun das, andererseits muss Buddha ja von irgendwas seinen stattlichen Leibesumfang erhalten haben. Jedenfalls kann mein Mitbewohner die besten Sahnetorten backen, die ich je gegessen habe. Er backt sie bloß nicht für mich, weil ich beim Meditieren immer einschlafe.

Jetzt, wo er in den inneren Zirkel der zu Erleuchtenden aufgenommen ist, dauert es nur noch wenige Jahre der erfolgreichen Einkehr und er darf mit dem großen Raumschiff mitfahren, das die Erleuchteten abholen wird. Deshalb arbeitet mein Mitbewohner sehr hart dafür, dass die morphogenen Felder um ihn herum in eine höhere Schwingung geraten. Er muss seine Energiepotentiale manifestieren und seine Resonanzen besser einsetzen, wobei ihm die Lichtarbeit hilft. Zur Lichtarbeit gehört natürlich, dass er die Stromrechnung der Zenmeisterin übernimmt. Das ist eine Ehre und dokumentiert erneut den engen Zusammenhang zwischen Ursache und Wirkung. Alles ist eins, und dass es keine Zufälle gibt, wissen wir seit Thomas von Aquin. Mein Mitbewohner hat allerdings Flugangst, und das vermiest es ihm manchmal, denn die Vorstellung, mit einem Raumschiff davonzurasen, hat nicht nur Schönes für ihn. Das verringert die Schwingung seiner morphogenen Felder jedes Mal wieder, und dann muss er von vorne anfangen. Aber auch das ist kein Zufall. Ihn hält etwas auf dieser Erde, und er sagt, er muss nur noch rauskriegen, was es ist.

Ich denke, er muss mehr Sahnetorten backen, vor allem für mich, und er zieht diese Möglichkeit in die engere Wahl. Ich sage, sobald er genug Sahnetorten für mich gebacken hat, wird dieses bange Gefühl weichen und einer Flugfreude Platz machen, und er spricht mit seiner Zenmeisterin darüber. Die reagiert ganz schön sauer und sagt ihm, dass ich ihn benutzen würde, er müsse sich dringend von mir fernhalten, und das finde ich echt nicht fair. Ich habe mich bis jetzt ja auch komplett aus ihren Geschäften herausgehalten. Ich bezahle meine Stromrechnung selber und sogar die von meinem Mitbewohner mit, seit der zu diesem Bettelorden konvertiert ist. Ab und an eine Sahnetorte als Gegenleistung ist nach meiner Einschätzung durchaus angemessen, auch wenn die Chakren nur noch selten gewaschen werden, also seine Chakren, um die göttliche Ganzheit nicht zu stören, und er auch im Dunklen kein Licht mehr macht, um die Kraft herauszufordern, die ihn höchstselbst zum Leuchten bringen wird.

Als die Meisterin meinem Mitbewohner rät, in ihre Behausung zu ziehen und mich schmählich zurückzulassen, sehe ich mich gezwungen, Gegenmaßnahmen zu ergreifen. Ein Gegenpapst muss her, und das hab' nicht ich erfunden. Ich habe mal einen Film gesehen, mit Bruce Willis natürlich, *Twelve Monkeys* hieß der. Was Verheißung und Apokalypse angeht, bin ich seitdem jedem Hohepriester gewachsen.

Ich erzähle meinem Mitbewohner, dass die Zenmeisterin für den Untergang der Erde verantwortlich sein wird und er der einzige ist, der das verhindern kann. Ich erkläre ihm, dass rechtsrheinisch schon immer die Barbaren Sturm gelaufen sind gegen die linksrheinische Zivilisation, und daran hat sich bis heute nichts geändert. Sie wird das Virus freisetzen, ich weiß es, weil ich aus der Zukunft stamme, und Sahnetorte ist das einzige Gegenmittel. Ich erkläre ihm, dass er den göttlichen Auftrag hat, die Welt zu retten, deshalb müssen als nächstes er und ich immunisiert werden. Weil, wenn sie alle infiziert hat, wird sie mit ihrem Raumschiff abhauen. So, und als erstes hätte ich gern Schwarzwälder Kirsch. Die wirkt am schnellsten. Wegen der Piemontkirschen. Und dem Kirschwasser vielleicht.

Und sie wird zwölf Affen mitnehmen. Ob er die Namen der Affen auf eine Karte schreiben könne, weil ich vermute, dass da ein gewisser Joachim dabei sein wird. Das mit den Affen verwirrt ihn ein bisschen, vielleicht war das doch was des Guten zuviel. Ich dachte bloß, ich sollte ein bisschen von der Torte ablenken, ich weiß auch nicht mehr, warum der Film *Twelve Monkeys* hieß, und weil er immer noch verwirrt guckt, sage ich, dass die erste wahrnehmbare Wirkung des tödlichen Virus' geistige Verwirrung sei. Da müsse man sofort mit Torte gegenhalten.

Weil er immer noch zweifelt, sage ich: »Was meinst du wohl, warum du immer noch nicht leuchtest? Das kann doch gar nicht sein bei deinem Talent und den ganzen Schwingungen. Du leuchtest nicht, weil die gar keine Zenmeisterin ist. Sie ist eine Menschheitsvernichterin. Die verstecken sich immer hinter einer guten Sache. Denk nur mal an Richard Feynmann.«

»Wer ist denn das jetzt wieder?«, fragt mein Mitbewohner, und ich sage: »Das ist doch der mit der Pfadintegralmethode.« Okay, jetzt habe ich mich doch vielleicht ein bisschen vergaloppiert.

»Manhattan-Projekt«, füge ich ganz leise und kleinlaut hinzu. Okay, ganz falsche Baustelle, das ist ein anderes Buch, das ich mal gelesen habe.

Es hätte aber auch ganz gut gepasst, denn es ist im Grunde der physikalische Beweis, dass jedes Teilchen auch bei noch so vielen Möglichkeiten von A nach B zu kommen, immer nur den einen, den physikalisch vorgeschriebenen Weg aus der Summe aller Möglichkeiten geht, und ist das nicht eine wunderbare Metapher für unser irdisches Herumirren und dafür, dass mein Mitbewohner der Auserwählte ist, der Auserwählte sein muss. Aber das lässt sich nicht mehr klären, es führt einfach zu weit, und ich hab auch den Faden verloren.

»Hast du denn Kirschen da? Sonst besorge ich welche«, sage ich, weil ich denke, wir brauchen einen Themenwechsel. »Ist dir nicht schon immer komisch vorgekommen, dass sie soviel Torte isst? Du hattest den Auftrag, dich in ihr Vertrauen einzuschleichen und dass hast du großartig hingekriegt.«

Jetzt holen wir gemeinsam zum Vernichtungsschlag aus. Wir entziehen ihr die Torte. Derart gefährdet wird sie sich umgehend in ihr Raumschiff setzen und die Biege machen. Um uns herum sterben die Leute wie die Fliegen, nur mein Mitbewohner und ich, wir sind immun. Doch bevor die für uns wichtigen Leute ebenfalls infiziert werden und sterben, verteilen wir unser Gegenmittel, vielleicht mal eine Schweizer Nusstorte, und alle werden gesund.

»Ist die Torte denn jetzt ein Gegenserum oder ein Heilmittel?«, fragt mein Mitbewohner, denn vor seiner Erleuchtung hat er Biologie studiert, und jetzt bin ich dran mit Verwirrtsein. Ich glaube, mir sind jetzt Versatzstücke von *Outbreak* in mein Drehbuch geraten.

»Auf jeden Fall bin ich aus der Zukunft, und du bist mein Bote.«

»Das erinnert mich an *Terminator*«, sagt mein Mitbewohner, doch ich winke ab, bevor das Chaos zu groß wird.

»Wir müssen jetzt den Leuten in der Zukunft noch eine Nachricht auf das Band unseres Anrufbeantworters sprechen«, erläutere ich, »sonst schicken sie mich gar nicht in die Vergangenheit, und dann begegnen wir uns gar nicht, du und ich.«

Inzwischen klingelt es an der Tür, und mit wutverzerrtem Gesicht steht da die Zenmeisterin, weil mein Mitbewohner nicht zur Mittagsmeditation gekommen ist. Sie will auf mich losgehen, und in dem Augenblick fällt mir ein, dass bei *Twelve Monkeys* der Gesandte aus der Zukunft ja seinen eigenen Tod in der Vergangenheit beobachtet, also im Film jetzt, das hatte ich völlig außer Acht gelassen, und gegenüber öffnet sich die Tür unserer Nachbarin. Ihre kleine Tochter steht dort und schaut entsetzt auf die Zenmeisterin, und zum ersten Mal fällt mir auf, wie ähnlich mir die Kleine sieht, und jetzt kapiere ich überhaupt nichts mehr. Angst macht sich breit.

»Torte!«, gurgele ich entsetzt in Richtung meines Mitbewohners, »Torte, schnell!«, und dann wird es Nacht um mich.

»Wie kann man nach so einem Totalabsturz am nächsten Tag nur Sahnetorte essen wollen?« Mein Mitbewohner schüttelt verständnislos den Kopf. »Ich würde Alpträume kriegen«.

»Die hatte ich schon«, antworte ich lakonisch, und dann sage ich noch mit vollem Mund: »Ich kündige meinen Yoga-Kurs. Ich kann diese dicke Laotin einfach nicht leiden. Sie hat keine guten Schwingungen. Die kann gar nichts!«

Das Geräusch, mit dem die Tür ins Schloss fällt, ist kein gutes Geräusch, ein sattes, volltönendes, endgültiges und ausschließliches Geräusch. Klack. So fällt keine Badezimmertür ins Schloss. So fällt eine Haustür ins Schloss.

Wo bin ich? Stockdunkel. Ich bin nicht draußen. Wo wollte ich denn hin? Äußerst drängend ruft sich der Grund für die Aktion in Erinnerung. Ich wollte aufs Klo. Aber dies hier ist kein Klo. Mühsam reiße ich die Augen auf. Ganz langsam setzen sich die Rädchen in meinem Kopf in Bewegung. Kalt. Durst. Ich muss mal.

Mir ist deshalb so kalt, weil ich nur mit einem viel zu kurzen Hemd bekleidet barfuß auf einem zugigen Hotelflur stehe.

HOTELFLUR? Ach, du heilige Scheiße! Ich rüttele in einem verzweifelten Reflex an der Tür hinter mir, vergebens. Nein, das ist nicht wahr! Warum ich? Warum passiert das nicht dieser blöden Ziege von Politesse, die mir gestern eine Knolle verpasst hat? Warum mir?

Mir brechen Schlüssel in Zündschlössern ab, ich bleibe mit dem Absatz in Treppengittern hängen, so dass die Feuerwehr meinen Fuß herausschweißen muss, mir fährt beim Rückwärtsfahren von vorne jemand rein und ich bin schuld, und ich falle an der heiligen Kommunion meiner besten Freundin die Altartreppen hinauf, so dass ich mitten in der Zeremonie stark blutend abtransportiert werden muss. Mir wird die heimlich und verbotenerweise geliehene Handtasche meiner Schwester natürlich geklaut, und ich stehe nachts um drei mit nacktem Arsch ausgesperrt auf einem Hotelflur! Wieso!?

Ich versuche, das Hemd über den unbekleideten Hintern zu ziehen, was aber nicht wirklich zu machen ist. Wieso besitze ich ein Hemd, das mir gar nicht passt?

Ich war müde gestern. So müde, dass ich nicht mehr geschafft habe, mir das Unterhemd über den Kopf zu ziehen. Leider habe ich die Sache mit der Hose noch hingekriegt. Ist ja blöd. Dann wollte ich aufs Klo. Die Toilettentür ist direkt neben der Zimmertür. Und dann stand ich auf dem Flur.

Warum ich mitten in der Nacht und mutterseelenallein im Zimmer schamhaft die Badezimmertür hinter mir zumache, wenn ich aufs Klo gehe? Ehrlich, ich habe keine Idee. Zu ist sie aber jetzt, und ich bin auf dem Flur. Ohne Hose.

Ich zähle die vorhandenen Optionen auf.

Ich warte halbnackt vor die Tür gekauert, bis mich morgen früh das Zimmermädchen findet, und dann werden sie mich abholen lassen. Aus der Anstalt komme ich so schnell nicht wieder raus.

Ich verlasse im Schutz der Dunkelheit das Hotel durch einen unbewachten Seitenausgang, lege mich in dieser frostigen Märznacht in einen Straßengraben und dämmere bis zum Morgen dem sicheren Tod entgegen.

Ich fahre mit dem Aufzug hinunter zum Nachtportier, drücke mich tief in die Ecke des Aufzuges und bitte ihn, mir mein Zimmer wieder aufzuschließen.

Allein bei der Vorstellung bricht mir bereits der Schweiß aus. Aber ich habe keine Wahl. Über die Gänge huschend und wie Pierce Brosnan jeden Mauervorsprung geschickt als Deckung nutzend, erreiche ich den Aufzug und fahre ins Erdgeschoss.

Oh, mein Gott! Die Türen öffnen sich, und die Rezeption liegt einsam und verlassen da. Kein Nachtportier zu sehen. Ab sechs Uhr früh ist mit Personal zu rechnen, verlautet die Bekanntmachung auf einem aufgestellten Schildchen. Das sind noch zweieinhalb Stunden.

Die Toiletten im Foyer sind verschlossen. Ich denke sehr ernsthaft daran, einen Vorhang herunterzureißen, müsste für dieses Unterfangen jedoch auf eine der gut beleuchteten Fensterbänke klettern, wovon mir eine innere Stimme deutlich abrät. Außerdem habe ich diese Bilder aus *Tokio Decadence* sofort vor Augen. Das geht gar nicht.

Nicht der kleinste Aufnehmer liegt auf einer Fußmatte herum, keine Tischtücher, keine hängengebliebene Jacken an der Garderobe – nicht mal alte Zeitungen. Nichts.

Verzagt fahre ich mit dem Aufzug wieder nach oben. Satzfetzen kehren plötzlich zurück. »Das Zimmerschloss ist kaputt« – »Haben Sie kein anderes Zimmer?«

Heute Nachmittag war an der Rezeption ein Gast, der sein Zimmer tauschen wollte, weil es sich nicht abschließen ließ. Vielleicht ist dieses Zimmer ja immer noch unverschließbar. Vielleicht hat ja noch niemand Zeit gefunden, dieses Schloss zu reparieren! Vielleicht wartet ja irgendwo in diesem Hotel eine unverschlossene Tür auf mich, das erlösende Portal zum Garten Eden, dessen eherne Cherubine gerade wegen Unpässlichkeit ausgefallen sind!

Ich werde sofort pathetisch. Ich muß sie nur finden, diese Tür.

Wie elektrisiert fahre ich in den obersten Stock. Jetzt nicht die Nerven verlieren. Türklinke um Türklinke wird in dieser Nacht wie von magischer Hand, unbemerkt von den dahinter ruhenden Schläfern, niedergedrückt, um lautlos zu prüfen, ob diese Tür die gesuchte ist. Stockwerk um Stockwerk, mit flatternden Fingern. Draußen graut bereits der Morgen, als ich das ersehnte Corpus Defektum tatsächlich finde.

Mit einem Satz bin ich unter der Bettdecke! Bedeckt bin ich schon mal. Aber im falschen Zimmer. Und die Tür ist offen. Was ist, wenn der Hausmeister gleich um sechs als erstes das Schloss reparieren will und mich schlafend findet? Wie erkläre ich meine Anwesenheit? In einem Zimmer, in dem kein Gast verweilen sollte? Was, wenn er verlangt, ich solle sofort das Zimmer verlassen? Unter der Bettdecke habe ich immer noch nichts an.

Der süße Moment der Sicherheit war trügerisch und ist schon wieder vorbei. Nur einige Minuten bleibe ich unter der Bettdecke, um mich aufzuwärmen, dann fällt mir ein, dass ich ja aufs Klo wollte und gehe ins Bad. Dort hängt die wirkliche Erlösung. Große, weiße Hotelhandtücher, die man sich um die Schultern legen und um die Hüften schlingen kann, um schließlich wie eine Beduinenfrau gewandet in der Hotellobby darauf zu warten, dass es sechs wird.

Es ist vorbei. Die Sechs-Uhr-Personalfrau, die ich an der Rezeption nun ausfindig mache, ist die an Alzheimer erkrankte Mutter der Hoteldirektorin, die ihre Kaffeemaschine nicht mehr wiederfindet und für meine wegweisende Hilfe so dankbar ist, dass sie mir gleich einen Passepartout fürs ganze Hotel aushändigt. Mein Gewand erregt bei ihr keinerlei Aufsehen, sie fragt auch nicht, wofür ich den Passepartout brauche oder gar wer ich sei – nur dass ich eine Frühaufsteherin bin wie sie selbst, das ist ihr nicht entgangen.

Die Ausbeute dieses Morgengrauens sind siebzehn Kreditkarten, 24 Armbanduhren, 768 € in bar und zwölf Autoschlüssel, die ich in Ruhe in der Tiefgarage des Hotels ausprobiere, während alle anderen beim Frühstück sitzen. Man weiß nie, wofür es gut ist, wenn man nachts halbnackt auf einem Hotelflur steht und nicht zurück ins eigene Zimmer kann.

Seit einiger Zeit habe ich verschärft das Gefühl, dass hier irgendwas nicht stimmt. Nicht nur manchmal, wo du denkst: »Hä? Was ist das jetzt?«, sondern generell. Ich werde von Tag zu Tag sicherer, die verarschen uns doch! Aber holla. Und zwar alle.

Angefangen hat es, als der Papst nach Köln kommen wollte. Da vermeldete die Landesregierung NRW voller Stolz, man habe jetzt die Poller Wiesen minenfrei geräumt! Der Papst wolle an den Poller Rheinwiesen per Schiff vorbeidefilieren, und deshalb habe man jetzt tonnenweise Munition, Sprengstoff und alte Bomben ausgebuddelt. Damit der heilige Vater nicht vorzeitig gen Himmel rauscht. Die Poller Wiesen? Die sind seit Jahrzehnten das Naherholungsgebiet für Kölns Familien, und 2005 erst werden da die Minen geräumt?

Da dachte ich das erste Mal, hier stimmt was nicht.

Dann die Bewerbung Kölns als Kulturhauptstadt. Da sollen unsere Stadtväter mit der Jury in Wolters grünen Bimmelbahnen zum Brauhaus Früh gefahren sein und »Guck mal, Dom und Römer!« gesagt haben und »Prost« natürlich! Man wolle sich absetzen von den anderen Bewerbungen, haben sie gesagt, und nach nur fünf Minuten hatte man sich aber so was von abgesetzt.

Das kann doch nicht sein. Die lügen doch!

Dann habe ich mich gefragt, wo eigentlich das Waldsterben aus den Achtzigern geblieben ist, dieser

Dreckswald schlägt jedes Jahr wieder neu aus. Wo ist denn die atomare Verseuchung aus den Siebzigern hingekommen? Die Halbwertzeiten, die damals kursierten, betrugen doch 10.000 Jahre. Sind die schon um? Wo und wann ist denn die Eiszeit aus den Sechzigern auf der Strecke geblieben? Ich erinnere mich genau an die umfassende Berichterstattung, dass es Jahr für Jahr kälter werde. Die Gletscher wüchsen. Die Täler in Österreich hätten gewaltige Ernteeinbrüche. Die Hungersnot würde zurückkehren wie zu Zeiten der Völkerwanderungen in Europa. Was ist denn jetzt damit?

In den Neunzigern haben sie eine neue Richtung eingeschlagen und sich den Treibhauseffekt ausgedacht. »Global warming« sagt man heute. Wenn der Russe schon nicht kommt, jedenfalls nicht so, wie sie in den Fünfzigern immer gesagt haben, dann kommt jetzt wenigstens die Sintflut – oder die Dürre, je nachdem, wo man ist.

Außerdem kommt ja der Moslem seit 2001, dicht gefolgt vom Chinesen, und wenn der kommt, dann laufen wir!

Zuerst waren die Spraydosen schuld mit am Treibhauseffekt, dann die Autos, dann die Schwellenländer. Die, die an der Schwelle zur Entwicklung stehen, so zu werden wie wir. Damit die aber nicht am Ende alles alleine schuld sind, unterstützen wir die Autoindustrie mit einer Prämie, denn wir werden unseren Anteil an der Klimaerwärmung nicht kampflos aus der Hand geben. Wer weiß, wofür der mal gut ist, wenn sich das Klima wirklich ändert und sich das möglicherweise als Segen herausstellen sollte.

Der neueste Einfall ist zur Zeit, kurz bevor das erste Jahrzehnt des neuen Jahrtausends um ist: Das Geld ist weg! Alles! Puff, es löst sich in Luft auf! Weltweit! Von ganz allein. Wir brauchen immer neues, um die Löcher zu stopfen, denn wenn wir das nicht machen, dann wird es noch viel schlimmer und die Löcher immer größer. Ich aber frage: Wie — das Geld ist weg? Wenn ich eines kapiert habe im Physikunterricht, dann das, dass in diesem Universum niemals irgendwas weg ist. Die Summe von Energie und Masse bleibt immer gleich. Also lautet die richtige Frage: Wo ist das Geld? Genauer formuliert, wer hat es? Wir müssen es dem wieder abnehmen, der es zu Unrecht gehortet hat — oder?

Vielleicht hat aber auch jemand das ganze Geld angezündet und der ist in Wahrheit schuld an der Klimaerwärmung und im Übrigen auch an der Rodung der Wälder in Amazonien, denn irgendwo muss ja das ganze Papier für immer neues Geld herkommen!

Meine Großtante Berta hat immer gesagt, trau denen nicht! Die lügen alle. Und die machen alles kaputt. Sie haben auch das Wetter kaputt gemacht. Seit die in den Vierzigern mit ihren Raketen da raufgeflogen sind, ist das ganze Wetter kaputt, kein richtiger Winter mehr, kein Sommer — alles hinüber seit der V2. Außerdem haben sie durch die Raketenflüge rausgekriegt, dass da oben gar kein Gott wohnt, und das ist auch nicht gut für die Menschen. Dann haben die ja vor gar nix mehr Respekt.

Gestern habe ich die alte Frau Steinenkamp getroffen, meine Nachbarin. Sie fragt, ob mir die Tomaten dieses Jahr schon aufgefallen seien. Die Tomaten, die schmecken doch dieses Frühjahr ganz komisch. Und sie hätten auch ein ganz anderes Rot als sonst. Und seit sie diese Tomaten gegessen habe, sei sie immer so müde. Ihrer Schwester gehe es genauso. Das liege bestimmt an den Tomaten. Tomaten seien das meistgegessene Gemüse in den westlichen Ländern, und jetzt hätten sie mit den Tomaten irgendwas gemacht. Etwas, das uns müde macht und gleichgültig. Damit wir uns weniger aufregen. Die Italiener brächten das Zeug unter die Leute und Pizza-Hut natürlich, alles dieselbe Mafia. Und die Lufthansa schenke den Tomatensaft im Flieger gratis aus, dafür haben die doch einen Grund! Das seien doch keine Menschenfreunde, die bei der Lufthansa.

Frau Steinenkamp legt ihren Finger in eine offene Wunde. Ich wundere mich schon seit einigen Wochen über die Tomaten. Sie sind viel roter als sonst, und sie schmecken nach etwas. Ich habe noch nicht rausgekriegt nach was, aber sie schmecken nach etwas. Das ist man nicht gewohnt bei Tomaten, und es gibt mit Sicherheit einen Grund dafür. Und Lukas Podolski hat eine Tomatenallergie, habe ich gelesen. Das erklärt natürlich, weshalb er Ballack wütend eine geknallt hat beim letzten Fußballspiel. Er isst keine Tomaten und kann sich noch aufregen. Und es erklärt auch, warum weder der Ballack noch der DFB reagiert, denn zu deren Lieblingsgerichten gehört Caprese (Tomate/Mozarella), steht auf ihrer Homepage. Die sind sediert.

In Schulen wird der Ketchup jetzt gratis ausgegeben, erzählt eine junge Frau, die sich auf der Straße zu uns gesellt hat, es gibt viel weniger Gewalt an Schulen, seit diese Maßnahme zu greifen beginnt. Sie setzen ja auch Jod dem Trinkwasser zu, warum nicht valiumproduzierende Tomaten verkaufen? Mit ein bisschen Gentechnik sollte das kein Problem sein. Und habt ihr eigentlich schon die Geschichte von Ambrosia gehört? Seit Monaten gehen Warnmeldungen durch die Medien, das nordamerikanische Ambrosiakraut verbreite sich schlagartig in Europa. Es werde mit gekauftem Saatgut und Wintervogelfutter eingeschleppt. Und es sei hochgefährlich. Wo immer man dieses Kraut erblicke, müsse man es, mit Sicherheitshandschuhen und Atemmaske gewappnet, sofort ausreißen. Es verursache schweres Asthma, Verätzungen, hochgefährliche Allergien – es müsse mit Stumpf und Stiel ausgemerzt werden, bevor es größten Schaden anrichte. Wir erwarten in den nächsten zehn Jahren eine Invasion der gefiederten Ambrosia artemisii folia.

Ambrosia war doch die Götterspeise der antiken Griechen, oder täusche ich mich? Die, die Erkenntnis und Unsterblichkeit verleiht und betörende Schönheit? Und Artemisia absinthium besaß vor etwa hundertfünfzig Jahren in Europa als Absinth ebenfalls Zauberkraft. Sollte diese Namensverwandschaft Zufall sein?

Und Ambrosia artemisii folia verbreitet sich jetzt schlagartig von Amerika aus nach Europa? Und muss ausgemerzt werden? Mit Sicherheitshandschuhen? Ich will euch mal was sagen: Die lügen doch! Und stellen uns mit Tomaten ruhig. So sieht's aus. Aber nicht mit mir. Ich kenne die Brüder. Ich habe Ambrosia gesammelt und getrocknet, kleingerieben. Ob ich sie rauche oder mit Schnaps aufsetze? Na, wer will auch mal? Seid ihr etwa feige, oder was!?

Zeit der Wölfe

Mich beschleichen Zweifel hinsichtlich unseres Reiseziels, als Anton beginnt, sich zu entkleiden. Er tut dies sachlich, ohne Hast, bei einem kurzen Stopp an einer Bushaltestelle, es ist kalt.

Unbeeindruckt von einem scharfen Ostwind entblößt sich Anton bis auf einen feuerroten Tanga und angelt auf dem Rücksitz nach einem Paar Badelatschen.

Mein bester Freund Anton nähert sich dem Club der Fünfziger, und er tat das bis jetzt tadellos und in Würde. Ich halte es für das Beste, von den ungeheuerlichen Vorgängen erst einmal keine Notiz zu nehmen und verhalte mich so normal, wie es jetzt noch geht. Auf keinen Fall provozieren!

Ich grinse harmlos, als bemerke ich seine blauroten Knie nicht, was bei dem feuerroten Tanga erheblich schwieriger ist – obwohl er überwiegend gnädig von Antons Bäuchlein verhangen wird. Draußen schiebt sich der Mond zwischen durchscheinende Wolkenfetzen. Dieser Mond wird wohl das letzte sein, was meine brechenden Augen erblicken.

Was hatte Anton gesagt? Wir gehen auf Abenteuerreise? Nun, offensichtlich kein leeres Versprechen –

Sein Kombi biegt nun auf einen gutbesetzten Parkplatz ab. Was wird das werden? Ein ritueller Mord im Kreise seiner Jünger? Wie gut kannte ich Anton? Lachte der nicht manchmal so grausam? Und was machte er eigentlich mittwochs, wo er nie mit mir ins Kino gehen konnte? Was haben wir heute? Mittwoch!?

Mit erwartungsfrohem Schwung steigt Anton aus und schließt routiniert den Wagen ab. »Ich hab' Hunger« sagt er. »Sollen wir erst mal was essen?«

Ach so, essen. Ja, essen ist wunderbar, ein Stück Normalität. Ich werde den Kellner schon dazu bewegen, kein Wort über Antons Aufzug zu verlieren.

Beseelt eile ich der freundlich beleuchteten Türe entgegen, die Menschen, Essen und Trinken und damit die Abwesenheit unausgeloteter Abgründe verheißt. Vier Tangas stehen in Badelatschen an der Theke. Ein Tiger, ein nietenbesetzter Lederstring und zwei mit Micky-Mäusen, deren Träger sich gerade um eine Dame im durchgehenden Lackanzug bemühen. Glücklicherweise hat der Designer des Lackanzuges einige Aussparungen vorgesehen, so dass die Dame atmen kann.

Die rudimentärsten menschlichen Verrichtungen scheinen ebenfalls gewährleistet. Anton hat bezahlt, bestellt und sich in die Tangas eingereiht.

»Auch 'n Sekt?«

Selbstverständlich!

Nach dem dritten Glas hat sich meine Schnappatmung soweit normalisiert, dass ich gefahrlos rauchen kann. Eine niedliche, kleine Omi lässt sich – unbekleidet selbstverständlich – an einer Leine herumführen. Auf allen Vieren. Hin und wieder hebt sie ein Bein. Die Piercings, auch an sehr unvermuteten Stellen, klimpern leise.

Die kleine Omi hat viel Spaß. Ihr Hundeführer auch.

Die Rothaarige von gegenüber kenne ich. Großer Gott, sitzt die nicht bei Aldi an der Kasse? Dann kennt sie mich auch. Schlagartig begreife ich, dass weiterer Alkoholgenuss heute Abend Risiken birgt, die ich nicht zu überblicken in der Lage bin, und steige auf Cola um. Und ein Krabbenbrötchen, so muss ich wenigstens nichts sagen.

Nein, nicht von der Supermarktkasse. Aus dem Fernsehen! Das ist die Rothaarige, die nicht wusste, wer der Vater ihrer Tochter ist. Fünf kamen in Frage – und ihr Mann. Ihre Anwesenheit hier trägt deutlich zur Erhellung dieses Umstandes bei.

Ihr Gatte war verstimmt gewesen, dass sie nicht gewartet hatte, bis er von der Schicht kam. Sie hatte ohne ihn ein einschlägiges Lokal aufgesucht. Und auch hier verplemperte sie ihre Zeit nicht, was zu der bekannten Verwerfung – hier im speziellen Sinne – führte.

Ich beginne zu verstehen. Ihr Mann hat sein Tagwerk heute offensichtlich wieder noch nicht beendet. Ich sehe ihn jedenfalls nicht – als plötzlich seine Stimme unter zwei imposanten, rosa Säulen in fliederfarbenen Strapsen hervordringt. Er wiehert. Das Paar ist nach der Sendung also doch einen großen Schritt weitergekommen.

Von oben dringen eindeutige Geräusche an mein Ohr. Geräusche, die man auch mit sehr viel Phantasie nicht anders interpretieren kann.

Die Rothaarige hat auf sehr kreative Weise eine Menge Schnürsenkel um ihren Leib gezurrt, was seine

Wirkung auf den Lederstring mit Nieten zu entfalten beginnt. Ob er einer von den fünfen ist oder neu im Reigen der Vateranden, erschließt sich nicht.

Um die Stimmung weiter dem Siedepunkt entgegenzutreiben, lässt der Oberkellner Schlagsahne verteilen, die jeder nach seiner eigenen Fasson zu gebrauchen aufgefordert ist. Ich entschließe mich, sie auf die Erdbeeren zu geben, die das kostenlose Büffet bereithält, aber das ist mit Abstand die exotischste Nutzung, der die Schlagsahne an diesem Abend zugeführt wird.

Das Büffet ist, ebenso wie die Getränke, im Preis enthalten. Männer zahlen das Doppelte an Eintritt, wenn sie ohne Damenbegleitung Einlass begehren, was Antons Entschuldigung eine gewisse Nachdrücklichkeit verleiht. Niemand hier muss etwas tun, wozu er sich nicht geradezu berufen fühlt – auf das Sicherheitsgefühl der Damen wird größter Wert gelegt.

Was Anton tut, darüber senkt sich der Schleier freundschaftlicher Diskretion. Ich bin mir nicht sicher, ob ich so genau wissen will, was meine Zeitgenossen im Detail für Vorlieben innerhalb ihrer Balzrituale entwickelt haben. Meine alte Freundschaft zu Anton ist natürlich ungetrübt und um die Erkenntnis reicher, dass Männer und Frauen nicht alles voneinander wissen müssen.

Als kleines Mädchen wollte ich immer einen Hund. Ich wollte jemand haben, den ich herumkommandieren und an der Leine führen kann und der mich dafür liebt. Er sollte groß und gefährlich sein, nur nicht für mich, denn ich wäre ja Gott. Ich wollte einen treuen Gefährten und Beschützer, aber einen, der sich mir gegenüber nicht aufspielt.

Meine Katze liebte mich auch, aber nur wenn sie wollte, und das war etwas anderes. Ein schwarzer Panther an der Leine wäre auch noch in Frage gekommen. Einen Hund durfte ich aber nicht, und an Panther war schwer ranzukommen. So blieb meine ganze Kindheit hindurch eine schmerzliche Lücke in meinem Leben. Als ich groß geworden war, fand ich heraus, dass es auch noch andere Lebensbereiche unter Erwachsenen gibt, in denen Leinen und Stachelhalsbänder eine Rolle spielen, aber ach, es war nicht dasselbe …

Schließlich verstarben meine Katzen in biblischem Alter, und jünger bin ich zu meiner persönlichen Überraschung auch nicht geworden. Ich habe zu wenig frische Luft und Bewegung, sagt man. Ich bemerke mit Schrecken, wenn ich alleine bin, die ersten Verfallserscheinungen, und die Alternative Sport kommt für mich schon aus intellektuellem Gründen nicht in Frage. Sport ist etwas für simple Gemüter. Jane Fonda oder Lukas Podolski, für die ist das was. Schwitzen, herumrennen, hüpfen, sinn- und zweckfrei – lächerlich! Was für ein Rückschritt in der Entwicklungsgeschichte des Menschen ist Sport! Er katapultiert uns auf das geistige Niveau einer Amöbe zurück. Ein erhellender Spaziergang am Abend, einige Wege mit dem Rad statt mit dem Auto, das sollte genügen, mir entsprechen, meine persönliche CO_2-Bilanz verbessern und mit ein wenig Willenskraft auch leicht zu bewältigen sein.

Ist es nicht. Es regnet, ist kalt, ich friere schnell, manchmal bin ich auch ein wenig müde, verkatert oder muss dringend in Erfahrung bringen, wer »Das perfekte Dinner« gewinnt. Kurz, ich bin nicht in der Lage, aus eigener Kraft ein Minimum an Bewegung in frischer Luft zu gewährleisten. Welche Schwäche!

Da erinnere ich mich meines kindlichen Wunsches nach einem Hund. Ein Hund ist ein guter Kamerad, ein Gefährte, einer, der frische Luft und Spaziergänge qua Definition in mein Leben trüge. Ein Hund ist die rechte Wahl. Seit Jahrtausenden ist ein Hund der optimale Begleiter des Menschen und erfüllt in dessen Leben wichtige Aufgaben. Wohlan, ein Hund!

Meine Freundin Britta ermahnt mich, die richtige Rasse zu wählen. Eine, die zu mir passt. Deren Bedürfnisse und Anlagen mit meinem Leben kompatibel sind. Kein Hütehund, kein Wachhund, kein Jagdhund. Kein degenerierter Mode-Fuzzi. Einer, der lange schläft. Da bleibt nicht viel. Freundlich, aber nicht unterwürfig, menschenbezogen, aber ursprünglich und nah am wölfischen, belastbar, aber mit Charakter, frei von jeder Aggression und doch souverän. Ja, so soll mein Hund sein.

»Du hast ja einen Knall«, sagt Britta. »Es gibt noch nicht mal solche Männer, wo willst du denn so einen Hund hernehmen?«

Ach, und aus dem Tierheim muss er sein, das versteht sich von selbst. Gehört doch die Sendung »Tiere suchen ein Zuhause« seit jeher zu meinem wöchentlichen Pflichtprogramm. An einer armen geschundenen Kreatur wieder gutmachen, was der Mensch in seiner Skrupellosigkeit ihr angetan an. Das steht meinem Vorhaben gut zu Gesicht.

Nach intensivem Studium der Eigenarten der verschiedenen Hunderassen fällt die Wahl nicht schwer. Ein sibirischer Husky muss es sein. Was sonst? Dass man ihnen nachsagt, sie seien die Katzen unter den Hunden, kommt mir nur entgegen. Sie seien fröhlich, selbstbewusst, gelassen, zuverlässig. Alles das wäre somit für meinen prächtigen Hund Selbstverständlichkeit. Na ja, ein bisschen schwer erziehbar, aber das bin ich auch. Ihr Auftrag ist es, für den Menschen da zu sein, eine stabile Beziehung zu ihm aufzubauen, und sie benötigen reichlich Bewegung und anspruchsvolle mentale Beschäftigung. Das klingt beinahe nach Wahlverwandtschaft.

Und es trifft alles zu. Mein Hund ist freundlich, offen, neugierig, klug, souverän, niemals aggressiv. Paulchen ist ein etwa zehn Monate alter Husky, und seit er da ist, ist in meinem Leben kein Stein mehr auf dem anderen. Gegen 6.30 Uhr wanke ich blind die erste Runde durch die nahe Heide, mit einem begeistert herumtitschenden Rüpel, der mich alle zehn Schritte freundschaftlich mit der nassen Nase anstupst und zu einem kleinen Spielchen auffordern will. Wenn wir nach fünfundvierzig (!) Minuten strammen Fußmarschs wieder zu Hause ankommen, ist er ein wenig enttäuscht über diese Minirunde, aber höflich, denn er hat Hunger.

Natürlich bekommt dieses Tier kein industriell hergestelltes Hundefutter; Das hat man mir eingeschärft. Was nützt der ganze Tierschutz, wenn man Tierabfälle aus Massentierhaltung an die kleinen Lieblinge verfüttert? Mein kleiner Liebling wiegt fünfundzwanzig Kilo und bekommt natürlich selbsthergestelltes Futter. Ehrensache! Aus artgerechter Haltung. Ich habe einen Crash-Kochkurs für Hundefutter hinter mir und vergesse weder den angemessenen Fleisch-Gemüse-Getreideanteil, weder Algenpulver noch »Korvimin«, was auch immer dieses grauenhaft stinkende, graubraune Pulver sein mag, jedenfalls hilft es Paulchen, seinen Knochenbruch auszuheilen.

Er speist mit sichtlichem Wohlbehagen, und das bereitet der Köchin tatsächlich eine gewisse Befriedigung. Dass es dem Hund schmeckt, was ich gekocht habe. Dem Hund!

Es gehen unheimliche Dinge vor …

Nach dem Frühstück zerbeißt er flugs meine Schuhe, die ich gestern Abend leichtsinnigerweise einfach stehen ließ, und weil er vor Begeisterung beim Gassi-Gehen vergessen hat, sein Geschäft zu machen, holt er das jetzt pflichtschuldig in der Diele nach. Die Verdauung ist in Ordnung, Gott sei Dank!

Er hat in einer Woche zwei Geschirre (ein Halsband widerspräche selbstverständlich seiner Würde) und drei Leinen gefressen – seine Spielzeuge interessieren ihn nicht. Natürlich nicht, sie beleidigen seine Intelligenz. Ausgenommen, das Stoffhündchen, das ihm die kleine Lucia unserer Nachbarn geschenkt hat und vielleicht noch der Fußball ihrer älteren Schwester, haftet an diesen Dingen doch der Geruch, möglicherweise verbotene Früchte zu genießen, was ihre Attraktivität ungemein steigert.

Paulchen hat deutlich andere Vorstellungen, wie die Gegenstände in der Wohnung angeordnet sein sollten, als ich und macht dazu beherzt Vorschläge. Ebenso beherzt vertritt er die These, dass kein Mensch länger als zwei, drei Stunden am Schreibtisch oder vor dem Fernseher sitzen sollte, das ist auch gar nicht gesund, und er verfügt über ein umfangreiches Instrumentarium, dieser Ansicht Nachdruck zu verleihen.

Als Auftakt wird immer gern die »Guck-mal-ich-bin-doch-noch-ein-süßes-Hundebaby«-Nummer genommen, bei der sich fünfunmdzwanzig Kilo anmutig auf den Rücken rollen, mit den tapsigen Pfoten drollig in der Luft strampeln und mit der Zunge beharrlich die Zehen ihres Menschen lecken. Schaffe ich es, dies tatsächlich zu ignorieren, kommt die »Guck-mal-wie-schön-ich spielen-kann«-Attitüde, bei der er behende um seinen Plüschhund herumturnt, das Bällchen holt und ganz reizend damit herumkollert. Sobald man guckt, wirft er sich platt auf den Boden und packt den schmachtendsten »Kannst-du-wirklichso-hartherzig-sein«-Blick? aus. Ich gebe zu, gar nicht so selten hat er mich damit schon besiegt.

Leiste ich mutig Widerstand, dann kommt das »Ich-bin-so-schrecklich-einsam-dass-ich-wenigstens-deine-Decke-deine-Schuhe-deine-Brille-deine-Zeitung-deine-Fernbedienung-dringend-auf-meinem-Platz-benötige«-Spiel oder – auch immer sehr gern genommen – die »Ich-finde-Bücher-haben-in-Regalen-nichts-zu-suchen«-Installllation. Er kann auch noch »Ägyptische Mumie« oder »Wie schnell kann sich ein Hund in Klopapier einrollen« und – von einer berauschenden Virtuosität – die orientalische Teppichnummer »Weg-ist-der-Hund«. Wenn gar nichts hilft, weil ich beispielsweise unbeirrt versuche, einen Text termingerecht fertigzustellen, kommt die umweltbewusste »Ich-sortiere-den-Müll-schon-mal-vor«-Abteilung, und ich gebe mich geschlagen. Was Paulchen gönnerhaft mit einem »Ich-hätte-es-dir-vorher-sagen-können«-Wedeln quittiert. Kurz, mein normales Betriebssystem ist komplett zusammengebrochen und wird von einer fremden Macht mit einem blauen und einem braunen Auge ferngesteuert und, was mir wirklich Sorgen bereitet, ich finde es großartig! Das letzte Mal habe ich mich so lächerlich betragen, als ich frisch verliebt gewesen bin.

Es ist ein Hund! Ich habe mich in einen Hund verliebt, der am liebsten Pferdeäpfel und Kaninchenköttel frisst, was, genau betrachtet, meine Kochkünste in ein eher ungünstiges Licht rückt. Und ich gehe jetzt in die Hundeschule. Um eine Fremdsprache zu erlernen. Der Hund kommt großzügig mit, Wissen ist Macht.

Die ersten Worte haben wir gemeinsam gelernt. »Paulchen«, »Komm her«, »Sitz«, »Platz«, »Bei Fuß« und »Warte«. Am »Nein« arbeiten wir noch, obwohl ich sicher bin, dass es da keine Verständnisschwierigkeiten, sondern lediglich Meinungsverschiedenheiten gibt. Auch bei allen anderen Begriffen scheint nicht immer klar zu sein, wer sie ausführen soll. Paulchen ist sehr geduldig mit mir.

Ich habe eine lange Liste an Lehrmitteln beschafft, Ausrüstung für den Unterricht, wie es sich bei einer Einschulung gehört. Ich bin sicher, ein Hund seines feinen Charakters sollte die Möglichkeit erhalten, in sicherer Umgebung ohne Leine spazieren zu dürfen. Aber bis dahin ist es noch ein weiter Weg. Ich hege sogar eine leise Hoffnung, dass er seine Überzeugung aufgibt, alles, was sich bewegt, gehört mir und will gegessen werden. Wir haben ermunternde Tendenzen in dieser Richtung wahrgenommen.

Das wichtigste Argument für die Hundeschule ist jedoch, dass die resolute Hundetrainerin ebenfalls einen Husky hat. Das Glück in den Augen meines Hundes, endlich auf einen Artgenossen zu treffen, wäre für mich Grund genug, einmal in der Woche bis ans Ende der Welt zu reisen! Und ich muss ja nur von Köln nach Hürth. Das ist ja geradezu lächerlich. Hürth – ich wusste vorher gar nicht, wo das sein soll. Ich hatte davon gehört, sicher. Hürth, warum eigentlich nicht?

Ich stehe jetzt also wöchentlich in Hürth mit meinen Turnschuhen bis zum Knie eingesunken auf einer aufgeweichten, zugeschissenen Pferdekoppel und fachsimpele mit anderen Hundehaltern über getrocknete Hühnerherzen und Lungenchips, ohne mir vorstellen zu wollen, was diese Worte genau bedeuten, und darüber, wie man den Haarwechsel, also den Hundehaarwechsel, als Mensch ohne bleibenden Schaden überlebt.

Britta dagegen geht dreimal die Woche zum Golf, weil Golf doch jetzt Volkssport werden soll, Volkssport der gehobenen Klasse, versteht sich, und sie hat rein gar nichts zu erzählen. Nada.

Schneeflöckchen

Ich bin das Braun-Nasenepiliergerät-Schneeflöckchen.
Ich arbeite im Weihnachtsland von *Saturn*. Das ist eine
schöne Arbeit. Ich rufe den Leuten, die durch das
Weihnachtsland-Türchen kommen zu: »Willkommen
im Weihnachtsland!« Und wenn sie näher kommen,
gebe ich Ihnen unsere Broschüre: *Schnelle Hilfe bei unästhetischer Nasenbehaarung!*

Ich soll Personen unter vierzig Jahren keine Broschüre geben und Kindern auch nicht. Aber gerade
Kindern würde ich sie gerne geben. Sie kommen
immer so strahlend auf mich zu und strecken ihre
Händchen nach der bunten Broschüre aus.

»Willkommen im Weihnachtsland! Diese Broschüre
ist nur für die Opis, versteht ihr? Und manchmal für
die Omis. In euer kleines Näschen passt das Epiliergerät noch gar nicht rein.«

Die Kinder verstehen mich nicht und werden sehr
böse. Das ist das einzige, was mich bei dieser Arbeit
traurig macht. Vielleicht erfinde ich mal ein Nasen-
epiliergerät für Kinder.

»Willkommen im Weihnachtsland! Schnelle Hilfe bei
unästhetischer Nasenbehaarung! Nass- und Trockensauger? In der dritten Etage!«

Ich bin gern Schneeflöckchen, das ist viel leichter als
Weihnachtszwerg. Weihnachtszwerge haben so dicke
Bärte im Gesicht und müssen den ganzen Tag die guss-
eiserne Laterne halten. Damit sie dem Weihnachts-

mann den Weg leuchten. Außerdem werden sie von den Kindern immer für kleine Weihnachtsmänner gehalten und sollen ihre Wunschzettel entgegennehmen. Das darf im Weihnachtsland aber nur zu jeder vollen Stunde der Weihnachtsmann, der mit »Hoho« um die Ecke gefahren kommt. Er fährt natürlich nicht richtig, weil seine Rentiere aus Styropor sind, er läuft unten im Schlitten mit den Füßen mit. »Hoho« fährt er um die Kurve, und ich rufe: »Willkommen im Weihnachtsland, lieber Weihnachtsmann!«

Ich darf nicht versehentlich »Schnelle Hilfe bei unästhetischer Nasenbehaarung« hinterher rufen, das gibt Gehaltsabzug. Weihnachtsmänner haben keine Haare in der Nase und wenn doch, dann spricht man nicht darüber. Willkommen im Weihnachtsland!

Ein kleiner dicker Junge heult: »Das ist überhaupt kein Weihnachtsmann, seine Rentiere sind aus Pappe! Alles Betrug hier, ich will den Geschäftsführer sprechen!«

Für solche Fälle rufe ich: »Der Ausgang ist direkt hinter den Weihnachtsengeln, bitte! Schnelle Hilfe bei unästhetischer Nasenbehaarung.«

Ich bin sehr gerne Schneeflöckchen für Nasenepiliergeräte, sie sind viel leichter als die Nass- und Trockensauger, und man muss sie nicht vorführen. Das wäre den Leuten unangenehm. Außerdem ist der Umsatz viel höher als bei Nass -und Trockensaugern. Man glaubt ja gar nicht, wie viele Leute unter unästhetischer Nasenbehaarung leiden. Willkommen im Weihnachtsland!

»Nein, mein Kleiner, man darf den Schneeflöckchen nicht unter den Rock gucken, dann schmelzen sie. Nicht anfassen, bitte.«

Willkommen im Weihnachtsland! Es macht wirklich Spaß hier, und wir werden gut behandelt.

»Man darf uns nicht füttern. Komm, Kleiner, du willst doch dem Schneeflöckchen nicht weh tun. Nein, nicht kneifen, das tut dem Schneeflöckchen auch weh, nicht wahr? Du bist doch bestimmt ein ganz lieber Junge! – Willkommen im Weihnachtsland! Schnelle Hilfe bei unästhetischen Weihnachtsnasen! – Ich denke, deine Mama geht jetzt besser weiter mit dir. Du möchtest dir jetzt bestimmt etwas anderes ansehen. – Die Kaffee-Pads finden Sie gleich da hinten links. Heute nur 7,95 € für zwei Pakete mit Vanillezusatzaroma.«

»Hoho!«

»Willkommen im Weihnachtsland, lieber Weihnachtsmann!«

Und einmal pro Stunde wird für zwei Minuten die Weihnachtsmusik abgestellt, weil wir sie ja den ganzen Tag hören dürfen, da ist ein Moment Stille auch mal ganz schön.

»Nein, mein Kleiner, du darfst dem Weihnachtsmann nicht am Bart ziehen. Achtung, nicht in die brennende Kerze fassen! Willkommen im Weihnachtsland! Nicht mit dem Bleistift in die Augen pieken, nein, das haben Schneeflöckchen gar nicht gern! Du darfst den Zwerg nicht in die Hand beißen. Wir singen jetzt mal. Aua! Kannst du denn ein Gedicht aufsagen? Nicht? Deine Mama möchte das auch nicht, nein? Aua! Willkommen im Weihnachtsland. Nicht den Zwerg! Du hörst jetzt auf, oder ich hole die böse Weihnachtshexe. Oh ja, die kommt besonders gern zu bösen, kleinen

Kindern. Aua! Du hörst jetzt auf, oder der Zwerg wird dir heimleuchten, Schätzchen, dass dir Hören und Sehen vergeht! Dann wirst du mich aber richtig kennenlernen. Willkommen zur Nasenentfernung. Na los, komm schon Kleiner, es tut auch überhaupt nicht weh! Feige? Jetzt komm schon! Schnelle Hilfe bei hässlichen Kindernasen! Na warte, das bisschen Epiliergerät kriege ich schon rein in deine Nase! Hältst du wohl still, oder ich stopfe es dir in deinen Zwergenhals, dass deine Schlampe von Mutter die Einzelteile zusammensuchen kann. – Willkommen im Weihnachtsland! Willkommen!«

Ein Kälbchen namens Otto

Ich liebe vieles an Anton, aber am meisten das geduckte im Blick, wenn er seinen Vornamen sagen muss. Anton. In einer Welt aus Joachims, Stefans, Günthers und Wernern. Das ist jedenfalls die Welt seines Jahrgangs. Und dann Anton. Klar, dass man sich da duckt – in Erwartung der unabwendbaren Detonation der Heiterkeit. Lachprojektile, die wie tödliche Schrapnelle sein Rückenmark durchschlagen. Anton? Haha! Großartig! Haha!! Aus Tirol? Wieher! Ich kann nicht mehr!

Anton auch nicht – aber er muss. In einer vertrauten Stunde gestand er mir, sich schon manchmal einen Adolf oder Elvis als Freund gewünscht zu haben oder wenigstens einen Sepp.

Als ich die Kneipe betrete, ist Anton schon da. Er hebt den Kopf, um bei meinem Anblick begeistert zu nicken – ich kenne seinen Namen ja bereits. Hinter mir schließt sich klappend die Tür.

»Hi« – und bevor ich »Anton« sagen kann, erwidert er jenes hastige Präventiv-»Hi«, das entschlossen jede detailliertere Ausführung, wen ich da begrüße, unterbindet. Gelernt ist gelernt.

Und ich bin auch nicht da, um zu zanken.

»Rentnergedeck«, sage ich zu Cora hinterm Tresen, und im »Fipsy« ist ein Rentnergedeck ein Espresso und ein Ramazotti. Weil sich die Alten nicht mit verwässerten Genussmitteln aufhalten können und lieber direkt zur Sache kommen. Die haben keine Zeit zu verlieren – so wie ich, denn ich bin spät dran.

»Ist sie schon da?«, frage ich, überflüssigerweise, denn außer Anton und mir kreist niemand im Orbit.

»Nein«.

»Wie wollen wir's angehen?«

»Hast du keine Idee?«

»Wieso ich?«

»Wenn ich eine hätte, dann bräuchte ich dich ja nicht!«

»Das ist ja reizend.«

Anton ist eigentlich nicht so.

Aber jetzt steht er unter Druck. Sie kann jeden Moment reinkommen. Bis dahin brauchen wir eine Strategie. Sie ist sein fünftes Date innerhalb eines Monats. Und dieser Monat heißt April. Also Frühling.

Die vier Vorgängerinnen waren ab »Anton« definitiv gelaufen. Wenngleich Anton klar ist, dass die Frau fürs Leben sich nicht von seiner Namensbehinderung abhalten lassen wird, hätte er dennoch gern mal eine für eine Nacht. Erstmal. Oder für ein paar Tage. In vergleichsweise kurzen Zeiträumen spielt die nominale Barriere direkt eine überproportionale Rolle.

Nach »Anton« lässt sich eine erotische Grundstimmung weder erzeugen noch aufrecht erhalten. Bianca, die letzte, ist in Tränen ausgebrochen vor lauter Mitleid und hat ihm angeboten, eine Weile seine Wäsche zu waschen. Dieses Angebot nimmt Anton zwar immer noch in Anspruch, aber es löst die lenzbedingten Staus innerhalb seines körpereigenen, chemischen Schwerlastverkehrs in keinster Weise.

Britta, die doofe Gans, hat den ganzen Abend Lachkrämpfe bekommen und Anton versichert, dass sie schon lange nicht mehr so viel Spaß hatte, bis sie mit einem bärtigen Fernfahrer namens Joe den Laden verließ.

Das soll heute anders werden. Ich bin die zufällig getroffene, entfernte Bekannte, die die brisanten Klippen des beginnenden Gesprächs dergestalt zu umschiffen hat, dass den Vornamen betreffende Fragen weiträumig, außerhalb von Sicht- und vor allem Hörweite, souverän umfahren werden können, bis die Begegnung Formen auszubilden beginnt, in denen Namen keine Bedeutung mehr beigemessen werden muss.

Aber wie?

Um eventuelle Stutenbissigkeit von vorneherein auf ein Minimum zu reduzieren, habe ich lange Hosen, flache Schuhe und einen sackartigen Pullover gewählt. Und meine Haare nicht gewaschen.

Die Summe dieser Sicherheitsmaßnahmen hat Anton natürlich überhaupt nicht bemerkt.

»Und was sagst du?«

»Keine Ahnung.«

»Aber irgendwas musst du sagen!«

»Werd' ich schon – wenn es soweit ist!«

»Erstmal setz ich mich woanders hin. Mit dem Rücken zu dir. Als ob ich dich nicht gesehen hätte. Ganz unauffällig. Und wenn sie da ist, geh' ich aufs Klo. Und da bemerke ich dich.«

»Ganz unauffällig!« Er ist wütend und sehr angespannt.

»Hast du 'ne bessere Idee?«

Ich sitze also mit dem Rücken zu Anton, trinke den vierten Ramazotti – als die Kneipentür aufgeht. Das muss sie sein. Mein lieber Schwan! Das ist aber ein Schüsschen – eine Nummer zu groß für Anton. Wenn er da mit einer Nummer hinkommt.

In diesem Moment bereue ich ein wenig, meine Haare nicht gewaschen zu haben.

Die ganze Kneipe dreht sich um, denn inzwischen hat sich das übliche Volk eingefunden und wird Zeuge, wie dieses Ding im lila Minirock auf dem Barhocker niederkommt. Man könnte eine Stecknadel fallen hören.

Mein Auftritt! Ich nehme als Wegzehrung den fünften Ramazotti mit.

Mit unerheblichen Gleichgewichtsstörungen – vermutlich wegen des plötzlichen Aufstehens – und äußerster Konzentration bewege ich mich tastend Richtung Damenwiederaufarbeitungsanlage, nicht ohne auf halbem Wege ein völlig überraschtes: »Nein – du biss auch hier, das iss aber eine Überraschung!« an Anton und den lila Minirock zu richten.

»Wie nett!«, sagt Anton fischig, mit einem Seitenblick auf mein Glas und ohne, wie verabredet, mir einen Platz anzubieten. Meine Güte, ist der nervös!

Verwegen schubse ich die Kleine in die Seite. »Auch einen Ramazotti?«

Sie lehnt höflich ab.

»Aber ich – so! Dann mal pross, ihr Hübschn!«

Die flachen Schuhe haben sich inzwischen durchaus bewährt.

»Wolltest du nicht – wohin?«, fragt Anton, und ich verstehe nicht, was er meint.

»Heißtn du?«

Auf mein breites Grinsen hin streicht sich das anmutige Kind eine blonde Haarsträhne aus dem Gesicht und zwitschert: »Anna«.

»Namen sind Schall und Brauch!«, doziere ich engagiert weiter, die bittenden Blicke Antons ignorierend. Will denn der?

»Gumma, der kleine Braune hier heiß' Ramazotti un' is' trotzdem lecker! Kannoch nix dafür!«

Jetzt werden Antons Blicke drohend, aber jetzt bin ich in Fahrt.

»Anna!« kreische ich entzückt, »vorne mit A wie … An-fang, An-mut, An-stand! Haha!«

Anton ist inzwischen kreidebleich geworden – aus irgendeinem Grund scheint er sehr verärgert –, und Anna, der heiße Feger, senkt verlegen die langbewimperten Augenlider.

Ich wette, Anton taucht sein Schweizer Taschenmesser gerade in Curare, dass ein Einzelkämpfer wie er todsicher immer zur Hand hat. So, wie der guckt!

Jedenfalls fummelt er in seiner Hosentasche.

Ich wüsste nur gern, warum?

Egal – ich muß mich am Minirock des Milkakälbchens festhalten, um der Schwerkraft weiter erbitterten Widerstand zu leisten.

»Anna iss ja hinreißend!«, sage ich, schlage der blonden Elfe begeistert zwischen die Schulterblätter und im Anschluss der Länge nach hin.

Anton hilft mir nicht auf, sondern betrachtet mich inzwischen mit dem abschätzigen Blick eines Kammerjägers. Besondere Aufmerksamkeit widmet er dem lila Stofffetzen in meiner linken Hand und anschließend dem Ort, den er als ursprüngliche Heimat desselben lokalisiert hat.

»Ess gibb Leute, die schämn sich n Leben lang nur für ihrn Namen«, setze ich aus dem Souterrain entschlossen meinen Vortrag fort, »zzum Beispiel mein besser Freund…« Vor Vorfreude auf meinen unerwarteten Taschenspielertrick lache ich bereits fasziniert in mich hinein. »Zzum Beispiel mein besser Freund …«

Völlig unvorbereitet reißt mich ein kompromissloser Tritt in die rechte Kniekehle erneut von den Füßen, gerade als es mir gelungen war – zumindest fast – wieder auf Augenhöhe mit dem Blondchen Stellung zu beziehen.

»Ich glaube, du bringst deine fallsüchtige Freundin besser in ihre betreute Wohngruppe zurück, und wir sehen uns die Tage.«

Weg ist das blondierte Püppchen! Das war aber gar nicht geschmeidig.

Antons Antwort höre ich nicht mehr. »Mein bester Freund Otto«, hätte ich sagen wollen – was für ein Geniestreich!

Otto – ich hätte Ottos Geschichte wie ein biblisches Gleichnis zu Antons Entlastung instrumentalisiert und damit sein Problem bereits zur völligen Bedeutungslosigkeit herunterstilisiert, lange bevor es sich zu einem solchen hätte hinaufentwickeln können –

Otto – da muß man erstmal drauf kommen!

Es wäre ein genialer Wurf geworden, eine durch nichts zu überbietende Syntax hätte …

Aber gut – auch ohne diese grandiose Einlassung hat das Wörtchen »Anton« beim heutigen Fiasko nicht die geringste Rolle gespielt, und nicht mehr und nicht weniger hatte ich versprochen.

Ich atme viel abgestandene Luft. Ich rauche und trinke mehr als der Gesundheit zuträglich ist und nehme Nahrungsmittel zu mir, die ernährungswissenschaftlich als bedenklich einzustufen sind. Halt die, die sich nachts um eins an der Tanke noch erwerben lassen.

Diese Praxis beginnt, sichtbare Spuren zu hinterlassen. Der Mensch, der mir morgens aus dem Spiegel entgegenblickt, sieht nicht gut aus. Er hat Falten, Augenränder und das Make-up nimmt täglich mehr Zeit in Anspruch. Es liegt nicht an der zunehmenden Sorgfalt, die ich auf die Herrichtung meines Gesichts verwende, sondern an den immer umfassender werdenden Sanierungsmaßnahmen, die notwendig werden.

Den Wendepunkt markiert die sorgfältigst zurecht gemachte Verkäuferin in der Parfümerie, die mir als Produktprobe Antifalten-Lotion ins Tütchen packt.

Und aufmunternd sagt: »Probieren Sie mal – es wirkt Wunder.«

Wenn man so aussieht, dass es Wunder braucht, ist die Zeit gekommen, das Steuer mit Vehemenz herumzureißen.

Es gibt für mich zwei Handlungsmöglichkeiten:

Entweder zur joggenden Wellnesspäpstin mit Sprossensalat, Actimel-Drinks und grünem Tee zu mutieren (Der Lustfaktor dieser Maßnahmen ist etwa dem einer Krampfaderverödung gleichzusetzen. Außerdem, was ist von jemandem zu halten, der sich nach der Richtung erkundigt, in der seine Milchsäure dreht? So einer hat nicht mehr alle Tassen im Schrank.) oder die zweite Möglichkeit, Investitionen in nicht unerheblicher Höhe zu tätigen.

Wir sprechen von Anti-Aging.

Anti-Aging-Produkte entspringen einer ernstzunehmenden Wissenschaft und sind keineswegs anstrengend. Zum Beispiel enthält mein Anti-Aging-Sunblock-System die dreißigfache Menge von Fruchtsäuren, um freie Radikale zu bändigen, und es lässt sich mühelos auftragen.

Freie Radikale sind – wie wir alle wissen – nicht die ehemaligen Kollegen von Christian Klar, inzwischen aus der Haft entlassen, sondern freie Radikale sind die Ursache für den sichtbaren Alterungsprozess. Und jetzt dreißig Prozent weniger, in einem einzigen Gesicht, da müssen sich die Sonnenblinzelfalten in meinen Augenwinkeln aber warm anziehen.

Dann erst der Anti-Stress-Honey-Mousse mit zusätzlichem Sauerstoff! Der glättet jeden Plisseerock mit nur einer Anwendung und ist zudem leicht auswaschbar!

Für die tägliche Pflege verwende ich ein Produkt mit Silkpartikeln, das macht sich sofort bemerkbar. Ich schwöre auf Silkpartikel, ich meine, Silk, das liegt doch auf der Hand –. Für Hals und Dekolleté präferiere ich eine Serie mit AHA-Komplex, man weiß nie, wie die Haut in dem Bereich auf zusätzlichen Sauerstoff reagiert. Einmal pro Woche setze ich einen Skin-Boost ein, mit reichlich Vitamin C, das man nicht erst umständlich essen und stoffwechseln muss, sondern das von außen wirkt. Fabelhaft.

Das unterscheidet eben Wissenschaft von Scharlatanerie.

Eines Morgens blicke ich nach einer Erfolg versprechenden Rundumerneuerung wieder in den Spiegel und bin – fassungslos.

Ein knapp zwanzigjähriges Mädel blickt mir – noch etwas verschlafen – entgegen. Ich überlege, ob ich die vergangenen dreißig Jahre vielleicht nur geträumt habe, bis ich beschließe, mein Geburtsdatum mit einem Blick in den Personalausweis zu verifizieren. Erleichtert schiebe ich den Ausweis wieder zurück in die Handtasche.

Ganz ruhig, du bist noch sehr müde, gehst jetzt noch mal ins Bad und ….

Das Mädchen im Spiegel schaut jetzt ein wenig verwirrt, aber älter ist sie nicht geworden. Sie tastet mit den Händen über ihr Gesicht. Alles echt.

Ich glaube, es ist einfach zu früh, um aufzustehen, und gehe wieder ins Bett.

Alpträume werfen mich hin und her – ich bin wieder sechs Jahre alt und erlebe meinen ersten Schultag. Mein rotes Mäntelchen hat goldene Knöpfe, und die Friseuse hat meinen Pony viel zu kurz geschnitten. Ich sitze in der Klasse, die nach Kreide riecht, und ziehe die ganze Zeit an meinen Ponyfransen. Ich fühle mich schrecklich und soll Spazierstöcke auf eine Schiefertafel malen.

Wieso denn Spazierstöcke – in drei Tagen ist Ostern! Ich würde viel lieber Ostereier malen, ich hasse spazierengehen — schweißnass werde ich wach.

Alles nur geträumt, ich bin keine sechs, ich sitze nicht in einer Schulklasse, mein Pulsschlag beruhigt sich.

Da beginnt ein Gedanke hartnäckig zu nagen, bohrend fräst sich eine vage Erkenntnis in mein Bewusstsein, dass es für eine Entwarnung noch zu früh sein könnte.

Irgendetwas stimmte nicht heute morgen — langsam dämmert die Erinnerung herauf.

Gehörte das mit zum Traum?

Behutsam tappe ich ins Bad, kein Schultornister im Flur abgestellt, Gott sei Dank, und schalte das Licht an. Und wieder aus, es ist ja bereits Tag.

Das Mädchen im Spiegel ist jetzt keine achtzehn Jahre alt. — Was?

Mit einem Blick auf die Uhr versuche ich, der Fakten habhaft zu werden.

Vor drei Stunden stand ich das erste Mal vor diesem Spiegel. Ich bin also in drei Stunden um mehr als zwei Jahre jünger geworden. Ehm.

Ich bin also in drei Stunden um zwei Jahre jünger geworden!!! Was? Drei Stunden — zwei Jahre!! Mathe war noch nie meine Stärke.

Wir haben jetzt viertel nach elf, das bedeutet, wenn der Verjüngungsprozeß weiter linear verläuft, sitze ich morgen früh um viertel nach fünf tatsächlich im roten Mäntelchen in der Schule und male Spazierstöcke. Aarg!

Was tun? Mir fällt ein, dass die Schule erst um acht anfängt und kleine Mädchen um viertel nach fünf wahrscheinlich noch schlafen, aber das bringt mich nicht wirklich weiter. Mein Leben rinnt rückwärts durch eine Sanduhr. Anti-Aging heißen die Produkte, ich hätte vorher drauf kommen können! Kommen müssen! Wie konnte ich nur so blöd sein? Was jetzt?

Wie nutze ich meine verbleibende Zeit?

Soll ich meine bescheidene Habe einem guten Zweck zukommen lassen? Letzte Worte an Freunde und Familie niederschreiben? Heute Abend als Zwölfjährige noch eine Abschiedsvorstellung geben?

Nein, vielleicht werde ich dann direkt vom Ordnungsamt mitgenommen wegen unerlaubter Kinderarbeit und verbringe meine letzten Stunden im Heim.

Wie wird das sein, wieder als Embryo in Mutters Leib zu verschwinden und schließlich, sich in nichts aufzulösen?

Ich bekomme Angst, wie ein großes furcherregendes Untier greift sie nach mir. Ich habe das alles nicht gewollt!

Ich bin ganz allein, von allen guten Geistern verlassen und fange an zu fiepen wie ein junger Hund. Immer lauter wird das Fiepen, immer eindringlicher, da schlägt in einem tausendfach geübten Bogen, vom Sympathikus geleitet wie Atmung und Herzschlag, meine Hand auf den Wecker. –

Der Herzschlag beruhigt sich nur langsam. Der Wecker ist aus.

Alles nur geträumt.

Ich glaube, ich geh' heut' mal ein bisschen an die frische Luft.

Und ich sollte einfach weniger saufen …

Ein sehr lieber Kollege von mir hat mal gesagt, wenn man auf der Terrasse sitzt und frühstückt und denkt, der Rasen müsste gemäht werden, dann ist man über vierzig. Er glaubt, vorher kommt man nicht auf solche Ideen, und er kenne das Phänomen.

Ich glaube nicht, dass das auf mich zutrifft. Zugegeben, in sehr frühen Jahren war ich nicht an Gartenarbeit interessiert. In sehr frühen Jahren lag ich im Garten, um attraktive Sonnenbräune zu erlangen (wir wussten nichts von Hautkrebs), noch früher sah ich den einzigen Nutzen eines Gartens darin, meine Haustiere zu bestatten und Ostereier zu suchen – an möglichst weit voneinander entfernten Plätzen. Doch halt, ganz vollständig ist diese Erinnerung nicht, denn ich hatte immer mal wieder den Wunsch, ein eigenes Beet zu haben, säte und pflanzte fleißig in einem extra abgezäunten Territorium, und meine Großmutter wartete nur darauf, dass ich zu gießen vergäße, um bei der ersten Pflichtverletzung meinerseits dieses Beet voller Triumph niederzupflügen. Auf diese Weise hielt sie die Motivation, meine bäuerlichen Wurzeln auszuleben, kurz, und Erfolge habe ich aus dieser Zeit keine vorzuweisen. Dennoch, sobald ich ein kleines Fleckchen Erde als das meine bezeichnen konnte, brach die Landwirtin in mir hervor. Ich erlernte innerhalb kürzester Zeit die moderne Mulchtechnik und pflanzte, um der Einweggartenkultur ein Schnippchen zu schlagen, Blumen in geschickter Blühfolge (natürlich nur mehrjährige Stauden und Zwiebelgewächse). Ich gärtnere naturnah, nachhaltig und regionsbezogen. Ich verabscheue Gewächse, die nicht hierher gehören.

Ich verabscheue auch Unkraut, reiße es aber selbstverständlich von Hand aus und kann vom alljährlich wiederkehrenden Kampf gegen den Giersch ein hohes Schlachtlied singen. Ich habe verzinkte Gießkannen und Eimer, ein altes Barriquefass als Regenbehälter, ich habe mit alten Ziegeln ein Kürbishochbeet gemauert, und ich binde junge Triebe selbstverständlich mit papierumwickeltem Draht. Ich verabscheue Plastik in der Natur, ganz gleich, ob es sich um Pflanzkübel oder Aufbewahrungsorte für die Polsterauflagen des Gartenmobiliars handelt. Ich schaue täglich in den Garten, spreche mit Rosenstöcken und Hortensien, mit Blauregen, Clematis, Lavender, Kamelien, Flieder und dem Stolzen Heinrich. Ich entdecke jedes abgebrochene Blättchen, kenne jede Knospe einzeln und frage mich jeden Tag, was da eigentlich in mir vorgeht?

Ich winke munter zu den Prinz-Alexander-Äpfelchen hinauf und schnuppere voll Vorfreude an der Bereczki-Birnenquitte, beides Obstsorten aus der guten alten Zeit, und beobachte mich ängstlich, ob ich noch mehr Absonderlichkeiten an den Tag lege. Warum bin ich so glücklich, wenn ich mit beiden Händen in der Scholle wühle? Sublimiere ich bereits ärmer werdende Sexualität, wie Britta vermutet? Oder entwickele ich, der künstlerischen Arbeit müde, eine Vorliebe für vorzeigbare, messbare Erfolge, die jedermann anerkennen muss? Fürchte ich mich vor einem immer komplexer werdenden Alltag und flüchte in die Einfachheit der Natur? Flüchte ich vor der Zukunft, zurück zur guten alten Zeit, in sinnentleerte Nostalgie? Brauche ich das Gefühl, im Fluss des Lebens zu sein, im Kreis der Jahreszeiten, weil ich mich selbst zunehmend dem Herbst nähere? Liegt es daran, dass ich nicht gestillt wurde, dass ich nun der Erde ihre Früchte abtrotze?

Voll stiller Freude häufe ich Blätter und Äste in einer Gartenecke an, damit die Igel im Herbst ein schönes Plätzchen zur Überwinterung finden, voll Spannung erwarte ich die ersten Turnübungen des Eichhörnchens, das die Haselnüsse schon vor der Zeit ernten möchte und jedes Zweiglein heftig schüttelt. Und wenn die Weintrauben über meiner Hängematte fast in den Mund zu wachsen scheinen, dann denke ich: Ja, so beginnt vermutlich Altersdemenz. Zumal das Graben in Mutter Erde nicht nur angenehme Seiten bietet. Man denke an Wasserschleppen an heißen Sommertagen. Man denke an Rasendüngen bei sintflutartigen Regenfällen. Man denke an die Schneckenplage, der kein Naturgärtner auf appetitliche Weise zu entrinnen vermag, an Hagelschäden, schmutzige Fingernägel, Läuse, Insekten überhaupt, Wühlmause, Rindenfraß, ganz zu schweigen vom Nachtfrost im Mai.

Was genau ist los in Deutschlands Gartencentern? Die Branche boomt und Manufaktum, der Bewahrer der guten alten Dinge, gleich mit. Was suchen die Kunden dort, was sie anderswo nicht mehr finden können? Ich weiß es nicht. Ich weiß nur, warum ich mich so gern im Garten aufhalte: Unsere Nachbarn haben ein finsteres Geheimnis.

Sie halten junge Mädchen gefangen, ziehen Cannabis in großindustriellen Mengen, sie haben einen Folterkeller für Wirte, die kein Schutzgeld zahlen, und sie sind schuld an der Finanzkrise. Irgendetwas ist in ihrem Keller und in einem von hohen Betonmauern eingegrenzten Bereich direkt vor ihrem Keller. Dass sie italienischer Herkunft sind, spielt nur eine untergeordnete Rolle. Obwohl, was die Camorra für Methoden hat, weiß man ja.

Sie haben Videokameras in ihrem gesamten Garten installiert, mindestens drei Bereiche durch Mauern oder hohe Metallzäune abgegrenzt. Sie haben Sichtschutze zu beiden Nachbarn errichtet, und wenn ich durch meinen Stolzen Heinrich luge, will mich einer ihrer fünf Wachhunde am liebsten fressen. Er bellt und knurrt und wirft sich gegen den Zaun, bis die anderen Hundekollegen einfallen, und meine Tarnung ist im Nu dahin.

Ich habe ein Mandelbäumchen ganz nah an die Grenze gepflanzt, denn Mandelbäumchen müssen oft ausgegeizt und geschnitten werden, und ich habe Stimmen hinter der Betonmauer gehört, laute wütende Männerstimmen, drohend. Sie sprachen italienisch, leider.

Wenn ich Himbeeren pflücke, habe ich eine gute Aussicht auf die Tür in der Betonmauer. Sie haben rechts und links eine Videokamera, zwei Bewegungsmelder und einen Türdrücker von außen. Von innen gibt es wahrscheinlich gar keine Möglichkeit, die Tür zu öffnen, und wenn es einem doch mal gelingt, sind da die Hunde. Ich denke, sie halten Mädchen gefangen. Die Dame des Hauses sieht wie eine Hexe aus, und er ist ein mürrischer, aber erstaunlich gut trainierter Herr.

Als ich kürzlich unseren Weidenzaun reparierte, habe ich ein eingeschaltetes Diktiergerät über den Zaun geworfen, an einer Schnur selbstverständlich, ich kenne jemanden, der italienisch kann. Außerdem arbeite ich an einer Mixtur von Schlafmohn in Leberwurst, ich muss die richtige Dosierung finden, um die Hunde auszuschalten. Wenn keiner zu Hause wäre und die Hunde wären k.o., dann würde ich mich auch mal reinwagen und den Türdrücker betätigen. Mit Kapuzenpulli und Skimaske, versteht sich. Doch bei den letzten Leberwurströllchen haben die Hunde gar keine Reaktion gezeigt. Obwohl die Dosis für ein Mittelklasse-Schwergewicht ausgereicht hätte. Wahrscheinlich sind die gedoped, die Hunde.

Ich halte es für sehr wahrscheinlich, dass die Metallzäune unter Starkstrom gesetzt sind, man hört ein Ticken unter dem Haselstrauch. Was sonst könnte unter einem Haselstrauch ticken?

Sie waschen viel mehr Bettwäsche, als zwei Menschen benötigen – wer schläft in all dieser Bettwäsche? Und warum bekommen sie niemals Besuch, außer von diesen beiden finsteren Typen mit Sonnenbrillen, die niemals bei Tag das Haus wieder verlassen. Was nehmen sie mit, wenn die schützende Dunkelheit hereingebrochen ist?

Adriano, der Hausherr hat jetzt eine Garage gebaut. Eine riesige Garage auf ein Grundstück, zu dem es gar keine Zufahrt gibt! Was ist in dieser Garage? Es gibt gar keine Tür zu dieser Garage, man sieht jedenfalls keine.

Sie hatten eine Baugenehmigung für die Garage, dass haben wir beim Bauamt schon in Erfahrung gebracht. Die Nachbarn auf der anderen Seite teilen meine Ansicht, dass hier etwas nicht stimmt. Dass eines Tages ein grausames Geheimnis ans Licht kommen wird. Und manchmal heult es ganz laut dort drüben, stundenlang, das hat nicht Menschliches mehr, das Heulen, aber man kann ja noch nicht mal klingeln, das Gartentor nach vorne wird auch von einem hohen Metallzaun und einer Alarmanlage geschützt. Die anderen Nachbarn haben die Vermutung geäußert, das ganze Grundstück sei von unterirdischen Gängen durchzogen, man höre manchmal Schritte dort unten.

Neuerdings liege ich auch gern mit dem Ohr auf dem Rasen, ich lausche der Natur und den Schritten, die dort sein sollen, aber bislang bin ich noch nicht fündig geworden. Und als ob die Gefahr nicht auch so schon immens wäre, ereilte mich gestern die Nachricht, unser Nachbar auf der anderen Seite sei tot aufgefunden worden. Sein Grundstück grenzt auch an die Unterwelt. Völlig überraschend sei er verstorben. Das ist doch ziemlich merkwürdig. Ich habe ihn mit dem Italiener reden sehen, wenige Wochen ist das erst her, und es war kein gutes Gespräch. Sie haben geschrien, beide, ich konnte leider nichts verstehen, denn es regnete in Strömen, und ich hatte den Rasen in den letzten zwei Tagen schon dreimal gedüngt. Also stand ich hilflos hinter dem Fenster und sah der Schreierei zu. Und jetzt ist er tot. Unerwartet – das ist doch kein Zufall. Ich muss aufpassen, sie haben mich schon seltsam angesehen, weil ich den Wein inzwischen täglich schneide.

Fortsetzung folgt

Sie möchten noch mehr charmant-verrückte Lektüre?

Laabs Kowalski
Notizen eines Erzidioten
Die seltsamen Tagebuchaufzeichnungen
des John-Henry Picasso Matisse

»Letzte Nacht geträumt, ich wäre eine Boing 747, hätte aber keine Landeerlaubnis bekommen. Schweißgebadet in 5.000 Metern Höhe erwacht. Nachmittags aus Versehen eine Nonne verschluckt. Später mit Bestürzung festgestellt: Zwanzig Prozent meiner Finger sind Daumen.«

Dieses kleine Buch ist schräg, debil, entzückend, klug und witzig, witzig, witzig!

ISBN 978-3-936819-08-3
104 Seiten – Paperback

Gudrun Pausewang
Aufstieg und Untergang der Insel Delfina

Ein Ausnahmebuch! Was immer Sie suchen, in diesem Roman finden Sie es: Piraten, Sklaven, Freudenmädchen, Präsidenten, Priester, Wassernixen, Gespenster und Nonnen, Admiräle und spanische Landedelmänner, professionelle Urinspender und einen Faun. Außerdem Geisterbeschwörungen, Nonnenfallen, eine UFO-Sichtung und eine äußerst attraktive Madonna.

ISBN 978-3-936819-01-4
440 Seiten – Paperback

Brasse Hering
Reise der Lampenschirme durch den Kongo

Ein sprechender Dorsch, schöne Frauen und Homo-Piraten, die mit ihrem Schiff, der »Elton John«, die Weltmeere unsicher machen. Außerdem wird das Geheimnis um den Schlagersänger Bata Illic gelüftet. Was zum Teufel (der auch vorkommt) will man eigentlich mehr? Genau, jede Menge Kylie Minogues. Die treten in diesem sagenhaften Abenteuer nämlich ebenfalls auf.

Für Risiken und Nebenwirkungen fragen Sie bitte Ihren Arzt oder Apotheker.

ISBN 978-3-936819-23-6
148 Seiten – Paperback

Laabs Kowalski
Yeah Yeah Yeah – 50 Jahre Pop & Rock

Die Geschichte der Popmusik auf knappen 96 Seiten! Zum Totärgern, Vorlesen und Schlapplachen. Ob Elvis, die Rolling Stones oder Sarah Connor – in diesem Buch werden sie alle gnadenlos und witzig durch den Fleischwolf gedreht. Bestimmt lästert Kowalski auch über Ihre Lieblingsband liebevoll ab.

ISBN 978-3-936819-24-3
96 Seiten – Paperback

www.muschelverlag.de

_____

Katinka Buddenkotte	**Mit leerer Bluse spricht man nicht**
Gudrun Pausewang	**Aufstieg und Untergang der Insel Delfina**
Dagmar Schönleber	**Nackt im Bus**
Laabs Kowalski	**Notizen eines Erzidioten**
Sven Totenkopf	**Roman auf eigene Gefahr**
Christian Bartel	**Seit ich Tier bin**
Katinka Buddenkotte	**Ich hatte sie alle**
Laabs Kowalski	**Yeah Yeah Yeah – 50 Jahre Pop & Rock**
Ödön von Horváth	**36 Stunden**
Carlo Stasni	**Der Maler, der Mörder und der Narziss**
Gudrun Pausewang	**Regine und der Medizinmann**
Maike Hempel	**Mallorca hin und nicht zurück**
Brasse Hering	**Reise der Lampenschirme durch den Kongo**
C.W. Ceram	**Die sieben Städte von Cibola**
Stiff Chainey	**Giftherz**
Gudrun Pausewang	**Der Herr des Vulkans**
Otto Rombach	**Adrian, der Tulpendieb**